新世纪高等学校教材·公共管理核心课系列

U0646057

扫码获取配套视频课程

电子政务案例集

孙 宇 张 绰 罗玮琳◎编著

北京师范大学出版集团
BEIJING NORMAL UNIVERSITY PUBLISHING GROUP
北京师范大学出版社

图书在版编目(CIP)数据

电子政务案例集/孙宇，张绰，罗玮琳编著. —北京：北京师范大学出版社，2021.2

新世纪高等学校教材. 公共管理核心课系列

ISBN 978-7-303-26515-2

Ⅰ. ①电…　Ⅱ. ①孙…　②张…　③罗…　Ⅲ. ①电子政务－高等学校－教材　Ⅳ. ①D035.1－39

中国版本图书馆 CIP 数据核字(2020)第 225812 号

营销中心电话　　010-58802181　58805532
北师大出版社科技与经管分社　www.jswsbook.com
电　子　信　箱　jswsbook@163.com

DIANZI ZHENGWU ANLIJI
出版发行：北京师范大学出版社　www.bnupg.com
　　　　　北京市西城区新街口外大街 12-3 号
　　　　　邮政编码：100088
印　　刷：天津中印联印务有限公司
经　　销：全国新华书店
开　　本：787 mm×980 mm　1/16
印　　张：11.25
字　　数：226 千字
版　　次：2021 年 2 月第 1 版
印　　次：2021 年 2 月第 1 次印刷
定　　价：38.00 元

策划编辑：陈仕云　　　　　责任编辑：陈仕云
美术编辑：刘　超　　　　　装帧设计：刘　超
责任校对：段立超　　　　　责任印制：赵非非

前言
Preface

　　案例研究和案例教学在公共管理领域是大家耳熟能详的，有时候甚至出现言必称案例的现象。很多公共管理学院或公共政策学院收集的案例几乎达到了汗牛充栋的程度。这些案例有些来自师生的田野研究，有些来自与学院长期合作的公共部门，也有些来自公共部门从业者的现身说法，还有些来自新闻报道和咨询机构的报告……凡此种种，不一而足。案例研究和案例教学的突出之处在于，它看似太普及、太普通，然而，作为一种方法，它是公共管理发展的阶梯和扶手，不仅经常出现在通俗著作之中，而且也频繁地被严肃的学术著作所采用，是这个领域的从业者用起来最为得心应手的方法之一。

　　《电子政务案例集》精选了电子政务领域的 17 个案例。在案例选择的时间维度上，回溯了 20 世纪 90 年代至今电子政务发展历程中的经典案例。在案例选择的国别范围上，既有中国案例，也有外国案例，出发点是在"数字机遇"面前，兼顾"数字鸿沟"的现实样态，考察"数据红利"在不同的国家是如何释放的。在案例选择的逻辑层次上，既涉及政府——公共服务的供给侧，也涉及公民——公共服务的需求端；既体现了政务服务自上而下的纵向一体化，也体现了政府与行政相对人之间的互动。政府部门不仅是信息通信技术的试水者，而且也是受益者，更可以充当技术创新和应用的孵化者，从而使政府能力建设与技术变革同步增长，进一步厘清政府与市场之间的边界。

　　基于凯瑟琳·M. 艾森哈特（Kathleen M. Eisenhardt）的"无理论优先"[①]案例设计视角，本书中的绝大多数案例均没有受到"先入之见"的影响。比如，"案例 11　数据出境处罚案：数据跨境流动的规制博弈"实际上超出了传统的全球化理论。传统的全球化理论是以贸易、金融以及移民等为基础的，或者说是以全球商品市场和全球金融市场等涉及的要素流动为前提的，但是互联网的普及不仅使全球化"横向到边、纵向到底"，而且带来了数据这一新的要素流动。这一新的要素流动不仅引发了新的利益冲突，而且也带

---

　　①　Kathleen M Eisenhardt，"Building Theories from Case Study Research，"Academy of Management Review，1989，14(4)：532-550.

来了数据权属的争议。无论是传统的国际贸易理论、国际金融理论，还是现代国际关系理论，均无法解释已经出现的现象，并且现代产权理论也无法提供完美的解释，因为产权理论是建立在"排他性"和"剩余索取权"的基础之上的，而数据要素的全球化流动却带来了异常的"外部性"。通过这一案例分析，特别是美国《云法案》和欧盟《通用数据保护条例》所引发的监管博弈，我们得出了"立足技术，数据无国界；但立足权属，数据有国界"的结论。

基于罗伯特·K. 殷（Robert K. Yin）的"缺口和漏洞"①案例设计视角，本书中的"案例 3 在波士顿自驾出行用到的政务服务 App"等系列案例，显然是为了验证以文森特·奥斯特罗姆（Vincent Ostrom）和埃琳娜·奥斯特罗姆（Elinor Ostrom）夫妇为首的布卢明顿学派一直主张的公共服务的"多中心"和共同生产理论。互联网，特别是移动互联网和社交网络的出现，使得传统的公共服务供给理论中关于生产者和消费者两分法的观点"失效"。再如，"案例 13 在线学习平台让公民插上信息素养的'梦之翼'"则验证了"终身学习"理论。

基于罗伯特·E. 斯塔克（Robert E. Stake）的"现实和意义的社会建构"②案例设计视角，本书中的"案例 2 政府网站的'政府热、公众冷'""案例 9 美国联邦政府数据开放门户建设的喜与忧""案例 15 电子政务预算绩效管理的美国做法""案例 8 政府信息公开诉讼案件争议焦点：公开还是不公开"等案例建构了互联网环境下的政府样态，展现了"虚拟政府"或"在线政府"与现实政府之间的差异。前三个案例体现了政府边界、"看得见的手"，以及政府效率和效能，后一个案例则展现了公民从"虚拟政府"或"在线政府"这一镜像折射出来的信息需求。这充分阐述了在电子政务建设过程中必须遵循"整体政府"（whole of government）的理念。

基于米切尔·布罗伊（Michael Burawoy）的"扩展性案例研究"③案例设计视角，本书中的"案例 7 人工智能时代，电子政务路在何方""案例 14 电子政务安全，人人有责""案例 17 《塔林手册》引发的思考"等案例都可以被认为是电子政务发展中的"异常现象"，从而说明数字世界的风险是无远弗届的。特别是在"案例 6 一码在手 出行无忧"中，鉴于互联网是有"记忆的"，因此我们需要在特定的司法管辖权范围内，做好公权力与私权利的平衡。显然，在虚拟世界，无论是组织还是个人，对网络依赖程度越高，可

---

① Robert K Y, in *Case Study Research Design：Design and Methods*，3th ed，London，Sage Publications，2003.

② Robert E Stake, *The Art of Case Study Research*，London，Sage Publications，1995.

③ Michael Burawoy, *The Extended Case Method：Four Countries，Four Decades，Four Great Transformations，and One Theoretical Tradition*，Oakland，University of California Press，2009.

能产生的"异常现象"就越多，隐私、安全等风险随之也会加大。但无论如何，公权和私权始终是这一"权利天平"上的刻度。

毫无疑问，电子政务是现代公共行政和公共服务的一系列"范式转换"。尽管其在行政程序、业务类型、行政层级和服务种类等方面的转换有先有后、或多或少，但是，它已经改变并仍将持续改变政府与市场、政府与公民之间的互动方式，同时影响政府部门的行政效率、效能和透明度、公共政策决策程序以及公共服务投递方式。在这一"范式转换"中，信息通信技术是其核心引擎之一，互联网则是其仪表盘。对于读者而言，本书中的案例是走进电子政务世界的门径。我们对这些案例的使用给予了相应的提示，即案例叙事、思考题、教学使用说明以及扩展阅读。这样的案例编著结构安排主要是基于如下几点考虑。

第一，我们都是案例的"旁观者"。虽然本书尽可能选择能让读者有切身体验的案例，但是这些案例对读者而言仍有一定距离。一方面是因为案例设计反映的主题过于"宏大"——试图将"现实世界"与"虚拟世界"建立起某种对应关系；另一方面是因为本书挑选的案例都是电子政务发展过程中人们"习以为常"的现象。对待这些案例，人们甚至到了"眼不看、耳不听、心不烦"的地步。也就是说，对于案例中反映出来的问题，人们基本上采取了熟视无睹的态度，都希望做一个"免费搭车者"(free rider)。

第二，我们都是案例的"剧中人"。每一个案例都构成了一个参与、互动和博弈的情景，我们身陷其中，而不是置身事外。譬如，在移动互联网和社交网络日益普及的今天，我们已经习惯于"日月肩上过，世界掌中看"的生活，包括：利用各类政务服务App、政府网站足不出户地完成资料填报、费用缴纳等活动；在社交往来中互加好友，开辟新的沟通渠道；利用各类 App、公众号等提前规划时间表和路线图，实现"门到门"高效率出行。然而，在此过程中，个人信息和数据悄然溜走。本书就如同给读者提供了一个剧本，我们都是"剧中人"，角色任由选择。

第三，我们都是案例的"受益者"。电子政务的发展是不受时空约束的。网络所及之处，就是公共服务可能抵达的投递之处。即便存在着互联网接入以及公民信息素质的差异，每个公民也都毫无疑问地是电子政务的受益者。从当下看，获益面将随着互联网的普及而扩大，获益者的数量将随着电子信息产品的价格、政府信息资源的整合和数字化成本、在线公共服务的制作成本等的下降而增长；从长远看，电子政务的收益服从于收益递增规律，随着信息通信技术的门槛越来越低，其代际收益将呈几何级数增长。因此，每个公民都是电子政务的利益相关者。

第四，我们都是案例的"建构者"。电子政务的发展最早是由技术驱动和项目驱动的，可以看作一个"供给推动"的过程。但是，当电子政务成为公共服务常态时，供给推动就必须让位给"需求拉动"。从营商环境再造到"放管服"改革就是这一逻辑的政策结果。必须注意的是，"需求拉动"要求公民参与电子政务的框架设计和绩效评估，从而为公共服务的供给侧改革提供可行、易行的"路线图"。从公共产品和公共服务的供需关系来看，电子政务可谓公民获取公共服务的"雷达"，也是公共服务供给和需求的"晴雨表"。公民显性需求以及潜在需求的表达是决定电子政务是否成功的关键。

第五，我们都是案例的"传播者"。案例具有口述史价值，也是讲故事的台词和脚本，电子政务案例更是如此。此外，电子政务案例独具价值，它传递给我们的是现场感、角色感和参与感，自然更具备口口相传的效应。同时，信息通信技术本质上就是沟通技术、传播技术，网络价值等于其节点的平方，节点越多，价值越大。在"空谈博弈"(cheap-talking games)或者说"人人都是麦克风，人人都是新闻发言人"的时代，每一次点赞、每一次转发和每一次分享，实际上就是一次案例的传播过程。

显然，上述的每个视角，读者都可以对号入座。因为我们深知，任何一个电子政务系统或者公共服务都属于"一对多"体系，我们虽然不可能洞若观火、一览无余，但是，就电子政务而言，每个公民的每一次"点击"（即参与）都类似于一种"投入"，必然会带来系统服务的参数调整和改变。电子政务案例不是静态的，而是动态演化的。我们作为案例的"旁观者""剧中人""受益者""建构者""传播者"，自然就是电子政务案例故事的讲述者。

本书可与本人主编的《电子政务（第 2 版）》教材（ISBN：978-7-303-21488-4）配套使用。

孙宇

2020 年 10 月于北京

目录
Contents

案例 1
解忧老百姓办事的那些"跑腿"烦恼

案例正文

【摘要】大力推行"互联网＋政务服务"是助推"简政放权、放管结合、优化服务"改革向纵深发展的技术举措。在实施"互联网＋政务服务"的过程中，为实现政务服务一网通办、实现企业和群众办事"只进一扇门、最多跑一次"，各地实践探索出很多经验和做法。观察这些实践，亟待我们反思"互联网＋"究竟应该加什么，应该怎么加的问题。

【关键词】"互联网＋政务服务"；一站式服务；"放管服"改革

引言

2015 年，"互联网＋"写入国务院政府工作报告，意味着"互联网＋"正式被纳入顶层设计，成为国家经济社会发展的重要战略。同年 7 月，国务院出台《国务院关于积极推进"互联网＋"行动的指导意见》(国发〔2015〕40 号)。2016 年 2 月，李克强总理在宁夏考察时提出，要充分运用"互联网＋"让政府服务变得更聪明；随后，在当年的国务院政府工作报告中阐述要"大力推进'互联网＋政务服务'，实现部门间数据共享，让居民和企业少跑腿、好办事、不添堵。简除烦苛，禁察非法，使人民群众有更平等的机会和更大的创造空间"。此后，从中央到地方陆续出台一系列相关文件，积极推进"互联网＋政务服务"工作，开启了从"群众跑腿"到"数据跑路"的服务新模式。实践中，我国政府借助互联网来改善政务服务可以回溯到 20 世纪 90 年代。

1. 办件事，费时费力来回跑

自 1993 年以来，我国在银行、税务、海关、外汇、外贸等领域开展了以"金卡""金税""金关"等信息化重大工程为重点的信息化建设，并逐步扩展为各领域的"金"系列工程建设。国务院信息化工作办公室于 2002 年年初组织有关专家实地走访了国家计委、国家经贸委、外经贸部、公安部、计生委、海关总署、国家税务总局、中国人民银行、劳动和社会保障部等 24 个中央部委，以及北京市、上海市、重庆市、陕西省、成都市等 16 个省(直辖市)、市。调研结果显示，截至 2001 年年底，95% 以上的被调研方建立了辅助业务管理信息系统，30% 左右建立了领导决策支持类应用系统，98% 以上建立了主页开展公众信息服务。[1]

2002 年 7 月，国家信息化领导小组第二次会议审议通过了《国家信息化领导小组关于我国电子政务建设指导意见》(中办发〔2002〕17 号)，明确"把电子政务建设作为今后一个时期我国信息化工作的重点，政府先行，带动国民经济和社会发展信息化"。此后，各部门、各地方陆续着手搭建电子政务公共服务平台，通过政府网站、行政服务大厅等窗口为百姓服务。

在政府网站建设方面，截至 2019 年 6 月，我国共有政府网站 15 143 个。其中，国务院部门及其内设、垂直管理机构共有政府网站 1 001 个，省级及以下行政单位共有政府网站 14 142 个，覆盖了 31 个省(区、市)和新疆生产建设兵团。[2] 这些网站基本都设置了网上办事服务栏目，大多数政府网站在首页的醒目位置提供了网上办事服务专栏的链接，并且按照部门、服务对象、服务主题、重点服务领域等多种分类方式呈现，一些政府网站设置了"百件实事网上办"专栏。

但是，当老百姓登录网站办理所需事项时，会遇到种种"难忘"体验。比如，有的网站并不提供网上办事事项的专题检索，登录网站后很难查找到所需办理事项的链接。有的网站提供的办事指南要素不全或信息不准，很难通过网上提供的信息找到实体行政服务大厅。有的网站提供下载表格服务，持下载的表格到实体行政服务大厅后却被告知"表格版本不对"。当然，能提供全流程办事服务的政府网站也非常少，距离"网上审批、限时办结、在线反馈、全程监督"的一站式服务要求仍有一定距离。

在行政服务大厅建设方面，截至 2017 年 4 月，全国县级以上地方各级人民政府共设立行政服务大厅 3 058 个，覆盖率 94.3%。其中，省级 19 个(含新疆生产建设兵团)，地级市 323 个，县级 2 623 个，直辖市区县 93 个。此外，乡镇(街道)共设立便民服务中心 38 513 个，覆盖率 96.8%；国务院部门共设立行政服务大厅 42 个。江西、广西、四川、贵州、云南、甘肃、宁夏 7 个省(区)已实现省、市、县三级行政服务大厅全覆盖。[3]

但这似乎并没有解决百姓办事"来回跑"的烦恼。比如，"申请牌匾"的审批许可少则往返六七趟，多则十几趟。首先要到行政服务大厅填表格、递要件，如果遇上窗口排队

---

[1] 数据源自国务院信息化工作办公室的调研报告。
[2] 中国互联网信息中心(CNNIC)：第 44 次《中国互联网络发展状况统计报告》，2019 年 8 月。
[3] 国务院办公厅政府信息与政务公开办公室：《全国综合性实体政务大厅普查报告》，2017 年 11 月。

人数多，少则等上半天，多则排一天也办不上业务。好不容易排上了，如果遇上窗口服务人员业务不熟练，则每审核一项最常听到的一句话就是"那我先请示一下领导，您稍等"。之后，申请人需要将所有材料送交所在区城管执法局执法科室，执法科室初审签字后，申请人再将材料送回行政服务大厅。接着行政服务大厅开具开工通知单，申请人将通知单送回执法科室，方能施工。施工后，执法局相关执法科室还需要现场踏查，确认合格后开具监督验收记录。最后申请人再将该记录送回行政服务大厅，方能得到最终的审批许可。①

更有甚者，百姓办事陷入"证明你妈是你妈"的无解困境。办理出境旅游签证时需要明确一位亲人为紧急联络人，当事人陈先生想到了自己的母亲，可是问题来了，他需要提供他母亲是他母亲的书面证明。但是，陈先生在北京的户口簿只显示他和妻子孩子的信息，而父母在江西老家的户口簿早就没有了他的信息。在陈先生为此感到手足无措时，有人告诉他，可以到父母户口所在地派出所开证明，因为那里有他户口迁出的记录。先不说派出所能否顺利开出证明，光想到要跑上一千多公里，陈先生就够头疼的了。令陈先生意外的是，他支付给旅行社60元钱后，就不需要再去开这个证明了。② 这件成为搜索引擎词条的事件不仅引起了网民和媒体的热议，也被李克强总理在国务院常务会议上提及。总理费解地发问："老百姓办个事儿咋就这么难？政府给老百姓办事为啥要设这么多道'障碍'？"

2. 以人民为中心，推进"最多跑一次"改革

"一个上午就把年检给办完了，真是痛快。要是以前，还不知道要跑多少冤枉路，不过现在不一样了，在一个窗口就能办完了。"

"根本不用我填表，把相关证件和材料交给工作人员，他在网上直接操作，数据都通过网络传送，整个业务不到20分钟就办完了，我只要到出证窗口等着出证就行了。"

如今，去行政服务大厅与办事的百姓聊一聊，你会发现这是一种普遍的感受。这种改变是如何发生的？

2008年，成都市武侯区推动了一项"审管分离"的改革。改革的主要举措包括：成立成都市武侯区行政审批局，把22个区级职能部门所承担的共79项行政审批事项划转到区行政审批局统一办理，各职能部门只承担日常监督、管理职能，审批行为的后果由行政审批局承担法律责任。行政审批局实施"一枚印章管审批"的运行机制，只要加盖"行政审批专用章"即为法定有效，不再加盖原职能部门印章。行政服务中心实行"一口接件

---

① 《从"反复跑"到"不用跑" 简政放权如何解忧"跑腿的烦恼"？》，http://www.xinhuanet.com/politics/2018-06/19/c_1123006032.htm，2020-05-15。

② 中央电视台《新闻1＋1》栏目：《证明"你妈是你妈"，谁的笑话》，2015-05-07。

出证、科室联动办理"模式。申请人办理相关许可事项时，只需在行政审批局对应的一个窗口提交一套资料，即可在最短时限内办结。

事实上，简政放权、放管结合、优化服务（简称"放管服"）始终是我国行政体制改革的主线。2014年，李克强总理在出席天津夏季达沃斯论坛开幕式时给制度建设开出三张清单：权力清单、责任清单和负面清单。权力清单明确政府该做什么，做到"法无授权不可为"；责任清单明确政府怎么管市场，做到"法定责任必须为"；负面清单明确企业不该干什么，做到"法无禁止皆可为"。中央和地方的一系列配套政策随之颁布实施。按照国务院的统一部署，2016年10月1日起正式实施"五证合一、一照一码"，全面实行"一套材料、一表登记、一窗受理"的工作模式，在更大范围、更深层次实现跨部门的信息共享和业务协同，深入推进商事制度改革，优化营商环境。同年，由国家发展改革委等10部门制定的《推进"互联网＋政务服务"开展信息惠民试点实施方案》在地方逐步落实。继《国务院关于加快推进"互联网＋政务服务"工作的指导意见》（国发〔2016〕55号）之后，国务院办公厅于2018年颁布《国务院办公厅关于印发进一步深化"互联网＋政务服务"推进政务服务"一网、一门、一次"改革实施方案的通知》（国办发〔2018〕45号）。各部门、各地区在实践中因地制宜探索出不同做法，优化服务流程，创新服务方式，变"群众跑腿"为"信息跑路"，变"群众来回跑"为"部门协同办"。

广州邮政的解题之策是充分利用"蜜蜂箱"等自有资源，在市民和行政服务中心之间搭建起信息流与实物流相结合的便捷通道。"蜜蜂箱"是广州市邮政分公司为贴近市场，同时让市民好记、好认而给邮政智能包裹柜取的名字。最初的"蜜蜂箱"无外乎是自助取快递、寄快递，如今已发展为可一站式办理常用证件和个人事项等300多项政务业务的社区服务综合体。在广州市民眼里，"蜜蜂箱"称得上是"微政务中心"。推行"一柜式"微政务服务模式后，由邮政快递代替市民"跑"大厅，把"蜜蜂箱"打造成政务服务的综合收件窗和出件窗，有效解决了线下传递的瓶颈问题。[①]

浙江省于2016年提出"最多跑一次"改革，2017年，浙江省政府工作报告正式提出"加快推进'最多跑一次'改革"并印发《加快推进"最多跑一次"改革实施方案》（浙政发〔2017〕6号），全面部署改革。随后，《浙江省公共数据和电子政务管理办法》《政务办事"最多跑一次"工作规范》相继出台。以义乌市为例，义乌率先打造了无证明城市，消灭证明材料270项。工商登记用个人承诺替代了住所证明，通过数据共享取消了清税证明，让至少12万个市场主体受益。例如，办理营业执照，申请人原需提供申请表等5份材料，现在网上办理无须提供任何资料，每年可惠及10万人次。义乌建设了PC端、App端两大网

---

① 《"蜜蜂箱"的无限可能——广州邮政破解政务公共服务供给侧难题》，载《中国邮政报》，2017（2 624）。

办通道，分别上线 1 404 个、358 个事项。其中，"零材料提交"事项 128 项，"零字段填写"事项 72 项。越来越多的人选择"就近办"或"网上办"，义乌行政服务中心大厅办事群众不断减少，从改革前日均 9 000 余人次下降到改革后日均约 3 700 人次。改革后，在确保任何窗口排队时间不得超过 30 分钟的前提下，义乌行政服务中心窗口数也从改革前的 288 个减少到 119 个，办事窗口从 2018 年年初的三层缩减到一层，169 名工作人员从窗口调整到导服岗位或监管一线工作。义乌市民连连点赞："一胎出生的时候，办完出生证明还要办落户和医保，起码跑三趟；现在二胎出生了，直接在医院一站式办理，材料寄到家里，省了很多时间和精力。"①

2018 年，中央全面深化改革领导小组第二次会议审议了《浙江省"最多跑一次"改革调研报告》，中央全面深化改革领导小组办公室建议向全国推广。

3. 足不出户，即可掌上办事

2018 年 5 月 21 日，广东举行"粤省事"移动民生服务上线新闻发布会。"粤省事"集成了小程序和公众号两大模块，通过"实名＋实人"身份核验登录，实现民生服务一站式办理。作为全国首个集成民生服务的微信小程序，通过人脸识别、身份核验，无须重复注册即可通办所有服务，实现电子证照、个人待办事项统一管理。首批上线服务 142 项，涉及各类高频民生服务、常用证件和重点服务群体。②

"粤省事"的主要特点如下。一是突出高频服务。面向社会广泛征集百项民生服务高频事项，推动公安、民政、人社等民生服务重点部门的服务事项实现零跑动。截至 2018 年年底，仅公安一个部门就上线"粤省事"228 项民生服务事项，初步形成跨地市、跨警种、跨部门移动化、一网式办理的政务服务新格局。根据警方估算，228 项民生服务事项上线后，每年可为群众节约办事时间 9 451 万小时，节省交通费用超过 9.4 亿元，节省打印复印材料费用约 1.1 亿元。③ 二是便捷证照管理。将群众最常用的驾驶证、行驶证、社保卡、住房公积金证明、港澳通行证、台湾通行证、护照、残疾人证、出生证和居住证这十大证件进行电子凭证集中管理，并实现身份证电子凭证入住酒店、驾驶证/行驶证电子凭证路面查验、电子社保卡支付药费等线下生活场景的试点应用。三是服务重点人群。主要围绕残疾人、劳务人员、老年人三大群体提供移动办理服务。其中，残

---

① 《浙江义乌深化最多跑一次改革　减少群众办事 110 余万件》，http://news.sina.com.cn/o/2019-01-04/doc-ihqfskcn4136236.shtml，2020-05-15。

② 《广东举行"粤省事"移动民生服务上线新闻发布会》，http://www.scio.gov.cn/m/xwfbh/gssxwfbh/xwfbh/guangdong/Document/1630164/1630164.htm，2020-05-15。

③ 《广东警方再推 77 项网上民生服务事项累计 228 项》，http://www.xinhuanet.com//politics/2018-12/27/c_1123914891.htm，2020-05-15。

疾人事项线上办理、劳动人事争议调解仲裁、养老金异地领取等多项服务实现突破，解决了百姓最迫切的政务服务需求。

2018年6月5日，市民殷女士面对手机屏幕念出了人脸识别环节中的校验数字，随后，手机上显示出她儿子的姓名、出生体重、身高等信息。几秒之后，载有殷女士儿子出生信息的出生证图片出现在手机屏幕上。这是广州市妇女儿童医疗中心签发的全国第一张全省通用的出生医学证明电子证照。①

实行出生医学证明电子证照后，新生儿父母只要登录"粤省事"微信小程序认证身份，即可实现在线申领和预约取证，跑一次医院即可领取纸质出生医学证明。在纸质出生医学证明签出的同时，新生儿父母在微信里就可以看到孩子的出生医学证明电子证照。电子出生证与纸质出生证在广东省内具有同等法律效力，在公安、人社、卫健、司法等部门的30多个办事场景中，不用再提交纸质出生医学证明，办事部门可实行网上电子证照查验。省内部门之间通过网络核查电子证照，不再需要进行证件的真伪鉴定和异地信息协查，不再需要一纸证明来说明"孩子是我的"，真正实现了"让数据多跑路、让群众少跑腿"。

当然，我们必须认识到，目前虽已发布出生医学证明电子证照，但还需要纸质出生医学证明。因为《中华人民共和国母婴保健法》(1995)第二十三条规定，医疗保健机构依法出具统一制发的新生儿出生医学证明。空白纸质出生医学证明由国家统一印制、管理，短时间内，一省省内通行的出生医学证明电子证照仍无法全面取代纸质出生医学证明。

结束语

自2016年国务院政府工作报告提出"大力推进'互联网＋政务服务'，实现部门间数据共享，让居民和企业少跑腿、好办事、不添堵"以来，越来越多的政府部门认识到"互联网＋"带来的发展新机遇，纷纷加快互联网与公共服务的深度融合，促进公共服务创新。实践中涌现出许多创新做法，只有冷静思考、理性分析这些探索，才能做实党的十九大报告中提出的"建设人民满意的服务型政府"。毕竟，"互联网＋政务服务"不仅是优化业务流程、规范数据共享，也不仅是变革服务模式、创新服务渠道，更需要法律、制度的逐渐调整，国民信息素养的不断提升。

---

① 《全国首张出生医学证明电子证照广州签发》，http://politics.gmw.cn/2018-06/06/content_29147398.htm，2020-05-15。

思考题

1. 除了成都市武侯区实行的"一枚印章管审批"运行机制之外，尝试再设计一种基于互联网技术实现"最多跑一次"的行政审批运行机制。

2. "互联网＋政务服务"应该怎么"＋"？

3. "互联网＋政务服务"的本质是什么？

案例教学使用说明书

课前准备

1. 检索并阅读由国务院颁布的涉及"放管服"改革的相关政策文件，尤其是《政务信息资源共享管理暂行办法》(国发〔2016〕51号)、《国务院关于加快推进"互联网＋政务服务"工作的指导意见》(国发〔2016〕55号)、《国务院关于加快推进全国一体化在线政务服务平台建设的指导意见》(国发〔2018〕27号)、《国务院关于在线政务服务的若干规定》(国务院令第716号)、《"互联网＋政务服务"技术体系建设指南》(国办函〔2016〕108号)、《推进"互联网＋政务服务"开展信息惠民试点实施方案》(国办发〔2016〕23号)、《关于加快推进"五证合一、一照一码"登记制度改革的通知》(国办发〔2016〕53号)、《政务信息系统整合共享实施方案》(国办发〔2017〕39号)、《政府网站发展指引》(国办发〔2017〕47号)、《进一步深化"互联网＋政务服务"推进政务服务"一网、一门、一次"改革实施方案》(国办发〔2018〕45号)。

2. 体验政府网站或者政务App所提供的在线服务事项的功能和性能。

3. 实地走访行政服务大厅，随机访谈几位群众，了解他们办事的体验。

教学目标

1. 理解：电子政务是行政管理体制改革和信息通信技术变革相互作用的产物。电子政务具备改革的性质，表象上是应用信息通信技术，本质上蕴涵着公共行政改革目标。

2. 掌握：以人民为中心是提供一站式服务的基本原则，无论这"一站"发生在政府网站、政务App，还是发生在行政服务大厅里。实现业务协同和信息共享是解决瓶颈问题的关键。只有通过行政流程管理和信息资源整合，优化配置政府资源，消除应用碎片和信息孤岛，才能更好地实现一站式服务。

3. 反思：由于互联网接入水平和国民信息素养的差异，网络空间的虚拟服务大厅和物理空间的实体服务大厅将在相当长的一段时间内并存。各级政府需要决策的问题是，如何在两个空间高效配置有限的行政资源，以满足人民群众对方便快捷、公平普惠、优质高效的公共服务的美好期待。

要点分析

1. 公共服务创新不仅要在"服务"上下功夫，更需要在"公共"上做文章

"服务"（service）这一术语，对于每个人来说都不陌生。但如果要回答"什么是服务"，则可以说"每个人心中都有一个哈姆雷特"。很多学者都曾给"服务"下过定义，其中以经济学、管理学、社会学领域的学者居多。如果我们使用拆字解意的方式来定义英文中的"服务"，杜卡（Alan Dutka）给出的定义传播较为广泛。在这个版本的定义中，service 被拆成 7 个字母：s 即 sincerity，e 即 empathy，r 即 reliability，v 即 value，i 即 interaction，c 即 completeness，e 即 empowerment。服务意味着诚心诚意，意味着共鸣，意味着可信赖，意味着价值，意味着互动，意味着完整性，意味着授权。归纳一下，服务就是向一线授权的，在供需双方之间产生共鸣并为彼此创造价值的，可信赖的、完整的互动行为。1944 年，毛泽东同志发表著名讲演《为人民服务》，自那时起，全心全意为人民服务成为公共服务乃至一切行动的根本宗旨。

根据马修斯（David Mathews）的考证，公共（public）一词的希腊语词根是"pubes"和"koinon"。"pubes"译为"成熟"，是指有能力理解个人行为对他人产生的后果，是指超越自我的能力；"koinon"译为关心，是指群体成员对群体关系的认同。弗雷德里克森（H. George Frederickson）认为，可以从 5 个视角理解公共行政的"公共"：多元主义视角下公共即利益集团，公共选择视角下公共即消费者，立法视角下公共即代表，服务提供视角下公共即客户，政治视角下公共即公民。赫希曼（Albert Hirschman）认为，"公共"包括追求公共利益的行动以及争取公共幸福的行动。显然，"公共"这一术语提供了包括政府在内的所有行为者参与公共事务、从事公共服务以及创造公共价值和公共利益的可能性，但当"所得非所愿"时，失望和不满会触发这些追求公共性的行动转化为追求私人利益的行为。

"互联网＋政务服务"是公共服务创新的体现。互联网技术不仅创新了服务渠道，也拓宽了服务供给，更重要的是为供需双方提供了互动平台。理论上，公共服务创新不仅要在"服务"上下功夫，更需要在"公共"上做文章。实践中，出现了重视前者而忽视后者的倾向。在每一轮技术创新中，政府都会在服务渠道方面被裹挟扩张，政府网站、微博、微信、政务 App 等不断涌现，以至于出现越来越多用户访问量低、缺乏黏性的在线公共服务。大规模投入却鲜有人问津的在线公共服务实在有损公共性。立足政务服务的公共性评判公共服务是否创新，本质上在于判断其是否增强了公民理解个体行为对他人产生后果的能力；是否促进和增强了"社群认同感"；是否增加了包括政府在内的所有行为者参与公共事务、公共行动以及创造公共价值和公共利益的可能性；是否满足消费需求上的"得即所愿"，进而不触发从公共行动向私人行动的转变。从这个意义上看，"互联网＋政务服务"任重道远。

2. 学会做减法，才能赢得"互联网＋"的乘数效应

"放管服"就是简政放权、放管结合、优化服务。聚焦企业和群众反映突出的"办事难、办事慢""多头跑、来回跑""奇葩证明"等问题推进的"互联网＋政务服务"是深化"放管服"改革的生动实践，不仅推动了政府职能的深刻转变，而且促进了政府治理能力和治理水平的提升。

互联网是一个巨型的、去中心化的复杂系统，它的普及应用不仅触发了政务服务的创新实践，而且给政务服务带来了"数据、共享和参与"的创新思维。这就要求政务部门在物理空间和互联网空间同时优化配置行政资源。线上与线下不是简单的线性相加，而是"你中有我，我中有你"的相互融合。在有限资源的约束下，我们需要思考的是：线上要加什么，线下要减什么？或者线上要减什么，线下要加什么？抑或线上与线下同时加、减什么？是减少欲求，还是简化流程或精兵简政？这些要取决于老百姓的诉求，取决于互联网的普及程度，取决于国民信息素养，取决于政府治理能力。

做减法，有的涉及调整利益关系，有的涉及衔接管理制度。做好减法，必须足够深入，要比做加法挖掘得更深，这样才能足够深刻地把握精髓，才能取消那些不必要的部分。毫无疑问，"互联网＋政务服务"不是开发系统、建设平台，不是给预算让技术人员去完成的工作，而是一场重塑政府和市场关系、刀刃向内的政府自身革命。做好减法，需要改革的实干家和促进派。

做好减法需要因地制宜、讲究节奏。"互联网＋政务服务"的实践证明，各地区、各部门梳理了群众办事最烦最难的环节，找出了那些需要反复跑的事项和排长队的窗口，加大了清理简并力度，探索出许多独具特色、深受欢迎的好做法。比如，"证照分离""不见面审批""一枚公章管审批""最多跑一次""一门式、一网式"政务服务等。这些做法变"群众跑腿"为"数据跑路"，实现了群众"办事不求人"，不仅使群众受益，而且得到了社会的认可。需要指出的是，不同部门面对的行政相对人的互联网接入程度、使用能力及使用偏好均有所差异，同样的"互联网＋政务服务"在不同地区，甚至在同一地区不同领域，接受度也会大相径庭。对于"互联网＋政务服务"而言，蹄疾步稳是关键，不同地区、不同领域分别存在着某个最恰当的节奏。什么是这个最恰当的节奏？一方面，这个节奏需要与经济发展水平、国民信息素养、政府互联网治理能力相匹配；另一方面，政府还需要在普及互联网接入，提高国民信息素养上做工作，尤其需要在宣传推广"互联网＋政务服务"上下功夫。毕竟，互联网空间的流量和黏性并不会因为服务提供方是公共部门就与生俱来。

3. 业务协同和信息共享是推进"互联网＋政务服务"的基础性、关键性工作

无论是投资项目审批流程的"万里长征图",还是证明"我妈是我妈"的荒唐逻辑,痛点在于解决跨部门、跨地区、跨层级的协同问题。"互联网＋政务服务"就是要借助互联网技术,通过政务部门之间的互联互通、信息共享和协同联动,实现"数据多跑路,群众少跑腿"。

互联互通的关键在于标准先行。互联网彻底改变了政务服务供需网络的内外部连接,但是当前的最大痛点是"各自为政、重复建设",统一标准成为解决问题的有效方法。实施标准化,即制定标准尤其是执行标准,能保证"互联网＋政务服务"建设少走弯路。标准的力量关键在于谁控制,以及谁执行。对于技术标准而言,企业显然是主体;对于政务标准而言,则需要政府担当。"互联网＋政务服务"标准应是政府部门强力推动、企业共同参与的成果。对于那些关系国计民生的重要标准,要上升为国家强制性标准;对于那些便利群众的一般标准,可出台行业或地方推荐性标准。这里还需要考虑与国际标准的衔接,参与、主导越来越多技术标准领域内的国际标准制定。

信息共享的关键在于厘清责权。"源头一次采集,按需分级共享"是信息共享必须遵循的工作准则。信息是伴随政务产生的,服务和管理的职责定在哪里,哪里就是数据源头。比如,企业注册信息的数据源在工商部门,人口信息的数据源在公安部门,纳税信息的数据源在税务部门,等等。这些信息只能由这些机构一次性采集,并负责保证数据质量,开展数据更新,维护数据安全。随后,根据政务服务的需要,数据在服务所涉及的相关部门间分级共享。按照现行的行政组织架构,纵向上看,政府包括中央行政机关和省、地市、县和乡四级地方行政机关;横向上看,每一级行政机关根据职能可划分为不同业务部门。纵向和横向两个维度叠加后,政府信息共享涉及的利益相关者呈现出网状特征,任意两个结点间均可能发生信息共享行为,网状结构中的任意结点既可能是这类信息的提供方,也可能同时是那类信息的使用方。完善法律制度,理顺利益机制,开展绩效评估是厘清信息共享中信息提供方和信息使用方权责的现实选择。

协同联动的关键在于流程优化。群众满意的"互联网＋政务服务"基于跨层级、跨部门、跨区域的无缝协同和有效联动,协同联动的前提则是政务流程优化。流程优化的本质是调整权力运作规则,这意味着组织结构的嬗变和组织文化的重塑,政务流程调整只是表象。如果仅仅是找专业人士,借助科学方法来优化政务流程,势必会走向"本本主义"。即便使用信息系统固化优化后的流程,也很难在实际的政务活动中推广普及。优化政务流程更需要高位推动,更需要全面深化行政改革。在这个基础上,加以"互联网＋政务服务"平台的辅助,才能真正实现各部门、各地区的协同联动。

扩展阅读文献

［1］Mathews D. The Public in Practice and Theory［J］. Public Administration Review，1984(44)：120-125.

［2］Frederickson H G. Toward a Theory of the Public for Public Administration［J］. Administration & Society，1991，22(4)：395-417.

［3］Hirschman A O. Shifting Involvements：Private Interest and Public Action［M］. New York：Princeton University Press，2002.

案例 2
政府网站的"政府热、公众冷"

案例正文

【摘要】政府网站是政府与公众间开展信息公开、在线服务和互动沟通的媒介之一。借用美国联邦公共服务管理局马蒂·旺戈的比喻，"政府的信息和服务就像是散落在干草堆里的针，而政府网站就是人们找到这些针的磁铁"。但在实践中，从中央到地方的各部门、各地区建设出数以万计的政府网站，磁铁却沦为干草堆里的针。加之注意力是互联网空间的稀缺资源，导致了政府网站"政府热、公众冷"的怪象。如何从源头上解决这一怪象，亟待集思广益、建言献策。

【关键词】政府网站；可接入性；使用意愿；使用行为；用户满意度

引言

政府网站①的建设实践由来已久，随着"互联网＋政务服务"的深入推进，我国政府网站建设与规制不断加快。2006 年 1 月 1 日，中央政府门户网站（http：//www. gov. cn）正式开通。2006 年 12 月，国务院办公厅出台《国务院办公厅关于加强政府网站建设和管理工作的意见》（国办发〔2006〕104 号），指出要充分认识办好政府网站的重要意义，不断健全和完善政府网站体系，着力加强政府信息发布、切实提高在线办事能力。② 根据工业和信息化部信息化推进司组编的《2012 国家电子政务发展报告》的数据，截至 2012 年

---

① 按照《政府网站发展指引》（国办发〔2017〕47 号）的规定，政府网站分为政府门户网站和部门网站。

② 《国务院办公厅关于加强政府网站建设和管理工作的意见》，http：//www. gov. cn/gongbao/content/2007/content_521577. htm，2020-05-15。

年底，所有中央部委，省、市级地方人民政府都已经建立了部门网站，90％的县级政府基本建立部门网站。2015年3月，国务院办公厅组织开展了第一次全国政府网站普查。普查结果显示，截至2015年11月，全国政府网站有8.4万个，其中存在严重问题并关停上移的有1.6万个，约占总数的19％；14.7％的政府网站缺少在线互动功能。① 2018年12月，《中国青年报》社会调查中心通过新浪网对1 110人进行了一项调查。调查显示，85.6％的人曾访问过政府网站，但仅有28.3％的人经常访问，57.3％的人偶尔访问，还有14.4％的人从来没访问过政府网站。在"流量为王"的互联网空间，如何提高用户黏性、满足公众期待，迫切需要反思。

1. 从调查数据说起②

从国务院办公厅组织开展的第一次全国政府网站普查情况来看，区县、乡镇等基层政府的网站合格率较低，问题较为严重。有的政府网站没有提供规范、清晰的服务流程，缺少可供下载的表格和文件，不具备网上申报、查询等功能。有的网站结构混乱、页面繁杂，用户难以快速检索到有效信息。有的政府网站运行速度慢，更新频率低，甚至成为"僵尸网站"。不少政府网站更像是新闻网站，没有及时回应社会关切，许多信息并不是社会和群众真正需要的。

《全国政府网站抽查情况通报》③显示，截至2018年6月1日，全国正在运行的政府网站有22 206家(含中国政府网)。其中，国务院部门及其内设、垂直管理机构政府网站1 839家，省级政府门户网站32家，省级政府部门网站2 265家，市级政府门户网站518家，市级政府部门网站13 614家，县级政府门户网站2 754家，县级以下政府网站1 183家。网站建设存在的主要问题表现为：部分网站管理不到位；一些网站办事服务水平不高；少数网站中"我为政府网站找错"渠道不畅通，政务新媒体运行管理有待加强。

2018年9月，湖北省政府办公厅抽查了全省767家政府网站中的612家。抽查结果显示④：

一是部分地区和部门对政府网站工作重视不够，日常管理、巡查抽查不到位、不细

① 《政府网站如何提升满意度》，http://www.gov.cn/wzpc/2015/2016-07/15/content_5091740.htm，2020-05-15。

② 《网上调查显示逾6成民众对政府网站不满意》，http://news.cctv.com/china/20081216/100419.shtml，2020-05-15。

③ 《2018年第二季度全国政府网站抽查情况通报》，http://www.gov.cn/zhengce/content/2018-08/06/content_5312052.htm，2020-05-15。

④ 《湖北政府网站抽查11家不合格 个别栏目超过5年未更新》，https://hb.ifeng.com/a/20181004/6925847_0.shtml，2020-05-15。

致，导致网站出现信息长期不更新、空白栏目较多等问题。如"湖北省交管网""罗田县人民政府网"等网站多个动态类、政策类栏目未及时更新；"武汉市教育局"网个别栏目最后更新时间为 2013 年 6 月，超过 5 年未更新；"襄阳市卫生和计划生育委员会"网、"黄州区人民政府"网等网站存在多个空白栏目。还有一些网站基本信息更新不及时，如"十堰市民政局"网、"咸宁市卫生和计划生育委员会"网等网站网址变更后，未及时在全国政府网站信息报送系统中更新，造成季度抽查时无法打开网站。二是部分地区和部门对集约化子站监管不力，如"中国潜江网""湖北省科学技术厅"网均有部分乡镇子站、处室子站信息更新不及时。三是部分网站回应网民诉求不及时，如"十堰市人民政府法制办公室"网的"主任信箱"栏目自 2017 年 12 月至今未更新信息，且存在超过 3 个月才回复网民咨询问题的现象。

第三方对公众开展的调查显示①，就访问目的而言，68.4％的受访者表示访问政府网站是想要查找权威的政策、政务信息，31.8％的受访者想要向有关部门反映现实情况，30.5％的受访者想要了解政府机构的职能和职责，28.9％的受访者想要在网上办理相关事务。就网站满意度而言，61.3％的受访者对政府网站感到不满意，32.0％的受访者感觉一般，表示满意的受访者不到 7％。围绕对政府网站建设的期待，33.1％的受访者认为政府网站需要加强网上互动交流，增强政府与公众的沟通。接下来的排序为：提供网上政府服务，提高网上办事效率（20.9％）；及时发布政务信息，尤其是改革举措（17.7％）；第一时间发布与突发事件相关的信息（14.9％）；增加网站功能、方便公众使用（12.3％）；加强网站安全管理（1.7％）。

面对问题，一方面需要认识到，政府网站建设虽得到了政府部门的重视，但尚未达到与公众期望或与整个政府工作相符合的程度；另一方面需要承认，当前公众对通过政府网站获取信息和服务，如网上办事等的意识未实现日常化、自觉化，需要借助舆论或宣传机构的力量培养公众意识。只有先让公众关注，才会产生需求。公众的参与可以挖掘出更多问题，使政府网站不断完善、提高。

2. 做好"加减乘除"的江西探索②

江西省把政府网站作为推进"互联网＋政务服务"的重要载体，围绕优化信息服务、深化公共服务、强化互动交流等内容，探索政府网站建设与规制的"加、减、乘、除"。在公众参与度和满意度方面取得明显成效，在推进服务型政府建设、提升政府透明度和

---

① 《调查：85.6％的人访过政府网站　61.3％的人不满意》，http://www.chinanews.com/gn/news/2008/12-16/1488469.shtml，2020-05-15。

② 金路遥：《做好"加减乘除"　江西政府网站提升公众满意度》，http://jx.sina.com.cn/zimeiti/2017-10-18/detail-ifymviyp2155439.shtml，2020-05-15。

公信力等方面发挥了重要作用。

第一，通过与原有门户网站互通有无，增加三级联网运行的江西政务服务网（http://www.jxzwfww.gov.cn），形成功能互补、相辅相成的政务服务新模式。为拓展网站功能，江西省配套建设了全省统一的网上审批、电子监察和数据共享三大平台，网上部署了公共信用信息系统、企业信用监管警示系统、公共资源交易系统、联合股权交易系统、智慧农业系统等多个子系统，部署江西政务服务网手机客户端，设置了网上办事大厅、业务办理系统、并联审批系统、服务支撑系统、效能监察平台五大功能模块，非涉密行政审批事项均可实现全流程网上办理、并联审批、信息共享、业务协同和即时电子监察。同时，推进实体政务大厅与网上服务平台融合发展，搭建政务热线、政务网站、微博、微信和移动 App 等多样化的展示沟通平台体系。截至 2017 年 10 月，省、市、县三级网上累计办结行政审批事项突破 900 万件，办结率达到 95.8%。

第二，开展政务网站整合专项行动，关停迁移 409 个乡镇（街道）网站，3 个省直二级机构网站申请迁移至主管部门网站。从 2017 年 8 月开始，利用 3 个月的时间在全省范围内开展了一次整合专项行动。以县（市、区）政府部门（包括省以下垂直管理的部门）和乡镇（街道）网站为主，通过在县区政府门户网站上建设子站、栏目、频道等方式，推进乡镇（街道）、政府部门网站向县区政府门户网站技术平台迁移，对不符合有关要求的各类政府网站进行关停迁移。整合后，每个县（市、区）原则上仅保留一个门户网站。

第三，以最大程度发挥网站便民服务的"乘数效应"为目标，充分借助网上服务互动资源，实现政府网站与民众生活的全面连接。比如，组建专门的工作群组，通过实施网上咨询、网上调查、网上交流等措施，及时了解公众的意见建议；将政策解读效果纳入网站考核，要求各地政府网站运用接地气、形象化、通俗化的语言进行解读，确保群众"听得懂、好明白、能理解"；要求各级政府主要负责同志每年参加一次政府网站在线访谈；自 2017 年 8 月开始，要求全省所有政府网站在首页添加"我为政府网站找错"监督举报入口，5 小时内处理完毕网民反映的问题，8 小时内回应网站留言。

第四，通过增大公众参与这个"分子"，简化流程、缩短办理时限、缩小程序环节这个"分母"，产生政府网站服务功能最大化这个"公约数"，不断降低办事成本，为企业和群众赢得"时间红利"。一方面，加强统一导航和用户引流，将平台访问量和注册用户数作为政府网站绩效考核的重要依据，积极推进与企业和群众密切相关的服务事项网上办理，建成包括 19 个跨部门业务应用系统、34 个省级政府部门纵横向业务应用系统在内的电子政务云平台，做到政务服务事项"应上尽上、全程在线"。同时，引导群众用"鼠标"代替"跑腿"，让网站更红火。另一方面，集约化建设全省电子政务共享数据统一交换平台，开发省级投资项目核准阶段并联审批系统，将原来串联办理最长需要 232 个工作日的事项压缩至 30 个工作日。推进政府部门各业务系统与全省统一的网上审批平台进行数据对接联动，全面实现"单点登录、全网通办"。

结束语

2017年，为进一步加强政府网站管理，引领各级政府网站创新发展，深入推进互联网政务信息数据和便民服务平台建设，提升政府网上服务能力，国务院办公厅出台《国务院办公厅关于印发政府网站发展指引的通知》（国办发〔2017〕47号），制定《政府网站发展指引》。① 随着移动互联网的快速发展，政务新媒体如雨后春笋般不断涌现。从大家熟悉的"两微一端"，到短视频平台、知识分享平台、音频平台等，数量众多、类型多样的政务新媒体丰富了政务公开的途径，也成为贴近群众、服务群众的新渠道。当政务新媒体成为展示政府形象的窗口、联系群众的桥梁时，如何引导政务新媒体规范发展已是必须回答好的一道现实课题。2019年4月，《政府网站与政务新媒体检查指标》和《政府网站与政务新媒体监管工作年度考核指标》发布，各项指标直指当前政务新媒体发展存在的"病症"。② 展望未来，随着社会信息化程度的提高，运用"互联网＋"思维推进政务服务改革已成必然趋势。无论是政府网站的建设，还是政务新媒体的建设，核心原则都是"以人民为中心"。

思考题

1. 政府网站如何提高用户知晓率？
2. 政府网站如何提升用户接受度？
3. 政府网站如何改善用户满意度？

案例教学使用说明书

课前准备

1. 检索并阅读中央政府颁布的有关政府网站建设的政策文件，包括《国务院办公厅关于加强政府网站建设和管理工作的意见》（国办发〔2006〕104号）、《政府网站发展指引》（国办发〔2017〕47号）、《政府网站集约化试点工作方案》（国办函〔2018〕71号）、《国务院

---

① 《国务院办公厅关于印发政府网站发展指引的通知》（国办发〔2017〕47号），http://www.gov.cn/zhengce/content/2017-06/08/content_5200760.htm，2020-05-15。

② 《引导政务新媒体规范发展》，http://www.sohu.com/a/319924263_120059835，2020-05-15。

办公厅关于加强政府网站域名管理的通知》(国办函〔2018〕55号),以及《国务院办公厅秘书局关于印发政府网站与政务新媒体检查指标、监管工作年度考核指标的通知》等。

2.体验商业网站和政府网站提供的在线服务,对比使用感受。

3.检索并阅读近年来由国务院办公厅发布的全国政府网站抽查情况通报,以及中国互联网络信息中心发布的《中国互联网统计报告》中关于政府网站发展状况的描述。

教学目标

1.理解:在信息丰富的世界里,唯一的稀缺资源就是人类的注意力,"如何吸引公众注意力、如何留住公众注意力"是政府网站建设的重中之重。

2.掌握:可访问性(accessibility)是政府网站建设的基础。政府网站被广为知晓需要政府和公众的互动传播,政府网站被彻底接受需要功能加持、性能过硬。公众对政府网站满意度的持续改善关键在于坚持"回应人民关切、满足人民期待",不断进行自我革新。

3.反思:电子商务在潜移默化中提高了公众对在线服务的期待。从这个角度来看,新公共管理提倡的"向企业学习"在政府网站建设领域言浅意深。

要点分析

1.增强政府网站可访问性既需要知识,又需要技艺,更呼唤人文关怀

在英语语境中,可访问性(accessibility)的提出源自对残障群体的关注。美国《康复法案》1988年修订版(Rehabilitation Act of 1988)中明确规定,"联邦政府在开发、采购、维护或使用电子和信息技术时,应使残障雇员和公众能够与非残障雇员及公众同样获取和使用信息及数据"。随后,这一理念逐步被普及。2006年,联合国颁布的《伤残人士权利公约》(UN Convention on the Right of Persons with Disabilities)规定"访问因特网是一项人权"。如今,包括中国在内的世界上绝大多数国家均签署了这一公约。

在理论学术界,一个具有可访问性的网站被理解为"对于任何人来说都是同样出色的,无论他是不是残障人士"。可访问性的范畴被延展为包括残障人士在内的所有公众,是指"网站能够被任何人使用任何网络浏览技术进行同等访问,以获取网站提供的所有信息和功能"。于是,accessibility也经常被翻译为可获取性、可接入性、易访问性、无障碍、易用性等。互联网之父、W3C(World Wide Web Consortium)创始人伯纳斯·李(Tim Berners,Lee)认为,网站可访问性是指无论用户使用怎样的网络基础设施、硬件或软件配置,无论用户的语言、文化背景、地理位置,以及身体条件和智力状况如何,网站都能够被所有个体使用。

近年来,各种网站可访问性标准陆续被提出。其中,影响最大、通用性最强的是W3C的WAI(Web Accessibility Initiative)工作组提出的WCAG(Web Content Accessibility Guidelines)。其2008年通过的2.0版本提出了可感知性(perceivable)、可操作性(operable)、

可理解性(understandable)和鲁棒性(robust)4个原则，以及3个级别的61项标准(success criteria)。其由低到高的3个级别分别是A级(25项标准)、AA级(13项标准)和AAA级(23项标准)，用于说明一个网站在哪些监测点上应该满足哪些条件。针对政府网站可访问性的实证评价在各国陆续开展，这在一定程度上促进了政府网站的可访问性。

从科学的角度看，增强政府网站的可访问性首先是知识和技能问题，这需要网站建设者具备精巧的设计能力和熟练掌握并能灵活应用的技术。只要下功夫，知识和技能问题能够在短期内解决。但能否在有限预算的约束下，将增强政府网站可访问性问题摆在优先位置，则取决于建设者，尤其是管理者是否有人文关怀。只有心怀人民，才能设身处地、推己及人，才会将用户访问的环境条件和使用能力纳入政府网站建设的重点考虑范畴。这是一项长期而艰巨的使命，需要行政文化的改变，更需要全社会的广泛参与。相信终有一天，"更换浏览器试试"的网站使用秘籍将不会在网友中继续流传。

2. 公众的知晓和接受被纳入"使用意愿和使用行为"的研究范畴

对这一议题的探讨，学界重点聚焦于初始采纳意愿、持续使用行为与持续使用意愿的影响因素及作用机理方面。这些研究的理论基础主要是创新扩散理论(innovation diffusion theory)、技术接受模型(technology acceptance model)、计划行为理论(theory of planned behavior)、信息系统成功模型(information system success model)、整合性技术接受和使用模式(unified theory of acceptance and use of technology)等。随着研究的深入，理论扩展和模型改进的成果不断涌现。

影响公众知晓和接受政府网站的因素大致可归纳为3类，分别是个人特质、技术特征与环境特征。个人特质变量，既有诸如受教育程度、在线使用经历等背景性因素，也有信任倾向、公民意识、价值感知、隐私认知、自我效能感知等心理性因素。技术特征变量，既有可靠性、便利性、灵活性、有用性、易用性等外生性因素，也有绩效期望、风险感知、公众期待等内生性因素。环境特征变量，既有网络接入等客观因素，也有口碑推荐、主观规范等主观因素。[①] 当然，关于影响因素分类的观点并不完全统一。比如有观点将其分为个人特质、技术特征、质量特征与环境特征4类。[②] 梳理已公开发表的学术成果后发现，并非所有变量及其相互关系都能够得到大多数学者的认同。所以，提高政府网站的公众知晓和接受程度需要开展因地制宜的实证研究，不存在某一种理论、模型或变量组合能适用于所有的政府网站。

需要特别强调的是，公众的知晓和接受是一个动态过程。正因如此，提升政府网站

[①] 李燕、朱春奎、李文娟：《国外电子政务公众使用行为研究述评》，载《公共行政评论》，2016，9(6)：4-22、196。

[②] 蒋骁：《电子政务公民采纳：理论、模型与实证研究》，北京，经济管理出版社，2011。

的用户黏性成为一个重要命题。用户黏性是指公众对政府网站的忠诚、信任与体验等结合起来所形成的依赖程度和持续使用意愿的期望程度。实践中,卡诺模型(Kano Model)为我们提供了一种工作思路,它是由日本学者狩野纪昭(Noriaki Kano)提出的对用户需求分类和优先排序的工具。通过分析用户需求对用户满意的影响,卡诺模型将产品服务分为 3 类,分别是基本型需求(Must-be Quality/Basic Quality)、期望型需求(One-dimensional Quality/Performance Quality)、魅力型需求(Attractive Quality/Excitement Quality),后续研究扩展了无差异型需求(Indifferent Quality/Neutral Quality)和逆向型需求(Reverse Quality)两类。基本型需求意味着"不做不行,多做无益",即如果未达到用户期望,用户满意度便会一落千丈;但如果超过了用户期望,用户并不会对此表现出更多的好感。期望型需求意味着"多多益善",即超出用户期望越多,用户满意状况越好;如果无法满足用户期望,用户不满会显著增加。魅力型需求意味着"做了有惊喜,不做也无妨",即一旦提供,即便表现并不完善,用户也会表示满意;如果期望得不到满足,用户也不会表现出明显不满。无差异型需求意味着"可有可无",即无论是否提供都对用户没有影响。逆向型需求意味着"画蛇添足,多此一举",即提供了产品服务反而会引发用户不满。基于卡诺模型,政府网站如何有效利用智能算法厘清用户基本型需求、期望型需求、魅力型需求、无差异型需求以及逆向型需求,并实现信息服务、办事服务和沟通服务中基本型需求、期望型需求和魅力型需求的有针对性提升,是塑造用户黏性的关键。

3. 政府网站建设必须把握用户需求,关切用户体验,不断迭代更新

政府网站存在的必要性毋庸置疑,问题的关键在于如何办好这些网站。2016 年,习近平总书记在网络安全和信息化工作座谈会上指出,"要适应人民期待和需求,加快信息化服务普及,降低应用成本,为老百姓提供用得上、用得起、用得好的信息服务,让亿万人民在共享互联网发展成果上有更多获得感"。这为政府网站建设指明了方向。坚持以人民为中心,把握用户需求,关切用户体验,切实"提质增效"是政府网站建设的应有思维。

实践中,2002 年 8 月发布的《关于我国电子政务建设指导意见》(中办发〔2002〕17号)就曾提出,电子政务建设要满足广大人民的需求。作为政府永不关闭的窗口,政府网站从一个侧面反映了政府及其相关组成部门电子政务的应用水平。国务院办公厅秘书局公布的《全国政府网站抽查情况的通报》以及中国互联网络信息中心发布的《中国互联网统计报告》均显示,近些年政府网站总量在持续下降。在政府网站总体向好的大局下,存在问题的网站被督促整改,问题严重的则被关停。"不及时、不准确、不回应、不实用"等问题的存在,导致部分政府网站沦为公众眼中的"睡眠网站""僵尸网站"。过去,网站建设存在"人无我有,人有我更多"的心态,出现大量重复建设,不仅浪费资源,也导致了维护乏力的问题。

技术在发展，需求在变化，互联网无远弗届，网络接入到哪里，哪里就出现网民的需求，推进政府网站建设永无止境。打造公众满意的政府网站必须坚持以人民为中心，不断迭代更新。在商务服务不断推陈出新的环境熏陶下，公众心目中"优质高效"的定位越来越高，政府网站的改进空间很大。商业网站探索实现了如何引导网民访问意愿，如何基于网民访问行为特征改版网站。在网站迭代更新方面，如何引导公众需求，如何满足公民期待，政府可以在很多方面向企业学习。

近年来，基于网民访问行为特征改版政府网站、基于用户体验优化政府网站效能已从理念走向实践。利用大数据分析技术深入研究用户需求，进而提出网站迭代更新方案，在此基础上提供高质量、差异化的在线服务，这一工作方式正在被越来越多的地方政府网站建设者和管理者采纳。用于页面设计优化的热力图分析技术、用于网站服务流程优化的漏斗图分析技术、用于网站栏目体系优化的需求相似度技术与一批网站分析工具，已从企业应用走进政府应用。更有一批相关研究机构和专业团队逐步成熟，帮助各级政府网站开展用户行为研究和服务优化工作，提供网站迭代更新的方案咨询以及各级政府网站管理者的培训服务。当然，这一切工作的前提是采集并记录网站访问者的地址、登录时间、使用的搜索引擎，及其关注的主题、信息、页面等数据，这对政府网站的数据安全保护提出了更高要求。

扩展阅读文献

[1]Web Content Accessibility Guidelines(WCAG)2.0[R/OL]. (2008-11-11)[2019-10-04]. https://www.w3.org/TR/WCAG20/.

[2]Venkatesh V, Morris M G, Davis G B, et al. User Acceptance of Information Technology: Toward a Unified View[J]. MIS Quarterly, 2003, 27(3): 425-478.

[3]Violante M G, Vezzetti E. Kano Qualitative vs Quantitative Approaches: An Assessment Framework for Products Attributes Analysis[J]. Computers in Industry, 2017, 86: 15-25.

案例 3
在波士顿自驾出行用到的政务服务 App

案例正文

【摘要】出行是老百姓的基本生活需求之一。在移动互联网普及的时代浪潮下，作为交通基本公共服务供给主体的政府开发了功能各异的交通出行 App。同时，由于有效需求量巨大，提供交通出行服务的商业 App 受资本追捧也如雨后春笋般层出不穷。政府部门面临与商业 App 竞争的窘境，同时肩负着监管商业 App 的责任。如何有效配置行政资源，构建便民利民惠民的交通出行服务 App 体系，不仅对交通运输部门意义重大，对其他政府部门政务 App 的统筹规划也具有借鉴价值。

【关键词】政务 App；商业 App；共同生产；一体化

引言

随着移动互联网的快速发展，以及智能手机的广泛普及，商业 App 从最初雨后春笋般的裂变式增长到目前渐趋于成熟稳定，培养了网民的使用习惯。与此同时，移动政务成为一种必然趋势。在很多大都市，如纽约、首尔、中国香港等，当地政府部门推出了林林总总的政务 App，波士顿（Boston）市政府就是其中的典型。波士顿是美国马萨诸塞州的首府和最大城市，创建于 1630 年，是一座全球化城市。波士顿市政府门户网站上专门设有 App 下载页面（https://www. boston. gov/departments/innovation-and-technology/apps），以自驾车出行领域为例，从路情路况到线路规划，从加油到停车，从购车年检到处理违章，各类 App 应有尽有。既有政府提供的，也有市场提供的，还有政府和市场合作提供的，以满足公民不同的出行服务诉求。

1. 这"坑坑洼洼"的路况何时修

与其他城市一样，道路损坏是波士顿市市政管理部门必须解决的日常问题。波士顿平均一年要填补约 19 000 个路坑，多数是在冬末和春季。因为这里冬季寒冷，多风并且多雪，冻融周期会对路面造成严重损害。限于公民呼声和紧张的资源，其中很多修补只是临时的补丁，需要优先解决那些导致汽车轮胎和车轴下陷的路坑。之所以这样忙乱，是因为传统解决方案依赖于市政工程巡视员的巡查来定位路面坑洞。如何第一时间发现这些路坑，成为改进修补效率、提高公民满意度的关键。

2012 年 2 月，波士顿市政府推出了一款名为 Street Bump[①] 的众包应用程序，帮助居民改善出行环境。志愿者在开车时打开 Street Bump，如果行驶途中遇到坑洞，App 可以自动记录地点和时间信息，基于手机或其他移动终端嵌入的加速度传感器，可以辨别移动终端遭受撞击的程度，再利用全球定位系统（Global Positioning System，GPS）接收器，通过卫星确定路坑的具体位置。

解决方案是好的，但是 Street Bump1.0 出现了太多误报。[②] 教会移动终端分辨坑洞、减速带、高架、人行横道，或者更具挑战性的铁路交叉口和下水道井盖，是存在一定技术难度的。一旦上传了"假信息"，便会导致派遣工人来修复不存在的问题，浪费时间和资金，降低城市应对坑洞的能力。[③]

于是，波士顿市政府开始筹划改版。具体做法是，由 Inno Centive 公司向 40 万名专家和测试人员发送 Street Bump1.0，承诺向那些能够设计出纠正 App"误报"缺陷方案的程序员提供 25 000 美元的奖金，以寻求可以精准研判坑洞位置与严重程度的算法。最终有 3 个方案入选，Inno Centive 将这些方案整合应用于新版 Street Bump 之中。志愿者在驾驶车辆过程中，打开 Street Bump 2.0，如果移动终端侦测到路面颠簸所产生的撞击，GPS 会记录下所在位置并将资料传送到后台数据库。一旦有足够多志愿者在相同地点感受到撞击，算法便能分辨出这里的道路是否存在坑洞及其严重性，从而进入到下一阶段，即启动何种修补道路预案。当然，按照驾驶习惯，看到坑洞时司机通常会选择绕过坑洞。即便如此，这样的行驶信息也会被上传到后台数据库，按照算法规则，启动是否需要派市政工程巡视员到现场确认路坑。Street Bump 官方网站会定期公开路坑检测报告。

随着智能手机的普及，以及基于位置服务（Location Based Services，LBS）等新技术服务的广泛使用，人们越来越多地发布自己的地理位置信息以及正在参与的事件信息。但是，Street Bump 采集行驶信息的行为也引发了志愿者担忧，个人的出行信息如何保

---

① "Where's Street Bump being used?"http://www.streetbump.org，2020-05-19.

② Phil Simon，"Potholes and Big Data：Crowdsourcing our Way to Better Government，"https://www.wired.com/insights/2014/03/potholes-big-data-crowdsourcing-way-better-government/，2020-05-15.

③ Clay Dillow，"Boston's 'Street Bump' App Tries To Automatically Map Potholes With Accelerometers and GPS，"https://www.popsci.com/technology/article/2011-02/bostons-street-bump-app-will-use-accelerometers-gps-automatically-log-pothole-complaints，2020-05-15.

护？由此，市政府面临着新问题，如何让更多的公民成为 Street Bump 志愿者？如何培养这些志愿者对于 Street Bump 的黏性和忠诚度？

2. 道路拥堵如何破

道路是平坦的，但同时也是拥堵的，这是如今城市的通病。汽车保有量不断攀升的直接后果一定是拥堵率的提高吗？堵车的问题可以依靠多修路来缓解吗？事实上，如果管理无法跟上，即便新增道路，也只会越来越堵。

波士顿的道路是一个长期以来的神话，这些如迷宫般的道路建立于城市最初建造时的牛道上。波士顿的交通状况非常差，道路拥挤不堪。在一些特殊活动中，比如新英格兰爱国者队举行超级碗胜利游行时，从城市的这端到那端几乎是一场噩梦。[1]

2015 年 2 月，波士顿市政府与谷歌旗下的交通应用程序 Waze 开展了一项数据共享的合作。Waze 是一款免费的、100%由用户生成的社交导航应用程序，其目标是使司机能够直接通过智能手机创建、共享和使用道路拥堵情况、事故情况等实时交通信息。不同于谷歌地图或苹果地图，Waze 的特别之处在于所有用户都是信息提供者。因此，依靠司机们共享的信息，所有人都能看到前方是否有警察、堵车、施工或者限速摄像头。基于数据共享合作协议，波士顿市政府可以获取 Waze 实时更新的波士顿地区大约 40 万名司机提供的堵塞、事故和其他交通问题的数据。波士顿交通管理中心（Traffic Management Centre，TMC)根据这些实时数据动态调整 550 个路口的交通信号灯[2]，从而形成一种双向互动的交通拥堵疏解管理模式，即利用司机提供的实时数据来调整交通信号灯，并不断向司机提供最新信息以便他们优化到达目的地的路线。

3. 到达目的地后去哪停车

在人口密集的大城市，停车绝对是一件让人痛苦的事情，不仅停车费贵，还常常找不到位置。甚至有时候明明知道距离停车场不远，却转来转去找不到地方。在波士顿这个城市，停车困难的问题尤为突出。除了停车难，停车费的缴纳也十分麻烦。

对于停车难的问题，市场率先作出反应。2011 年，SpotHero 为司机们提供了一个在线平台，提供停车预订服务。平台将寻求预订停车位和预付停车费的驾驶员与停车场、停车库和代客泊车服务联系起来，帮助用户在私人车库和停车场找到可用的停车

① Dana Driskill, "Driving App Waze Helps Solve the Maze and Traffic of Boston's Roads," https://www.good.is/articles/waze-and-boston-partnership, 2020-05-15.

② "Boston Partners With Traffic App Waze, Will Test Giving MBTA Signal Priority," http://www.boston.com/news/local-news/2015/02/13/boston-partners-with-traffic-app-waze-will-test-giving-mbta-signal-priority, 2020-03-07.

位，并从每笔停车交易中收取佣金。使用方法也很简单，司机在手机端输入目的地后即可找到附近停车场的信息，如车位数量、价格。挑选车位、设定停车时间后，使用信用卡缴费，到停车场出示相关信息后，即可停车。

如果司机在市区停车，一般可以看到 Meter（停车计时器）立在停车位旁边，0.25 美元（1 quarter 的硬币）可以停 12 分钟。如果想在市区停车，就需要提前备好零钱。另外，每次投币停车时间最长为 2 小时，超出时间则需要中途重新投币。为便于缴纳停车费，波士顿市政府官方发布了一款名为 Park-Boston 的付费软件，覆盖了 8 000 多个停车计时器。用户下载 App 后，需要输入自己的车辆信息（型号、车牌等），绑定自己的银行卡。停车时输入该车位的数字标号，选择停车时长，再用绑定的银行卡付费即可。自 2015 年 1 月启动试点以来，已有超过 15 000 人下载了这款软件。市政府拟用 Park-Boston 取代所有的停车计时器，并且计划当停车数据积累到一定程度后，通过分析停车数据优化管理路边空间，辅助停车费定价改革。

借助上述 App 可以解决停车难、停车费缴纳烦的问题。但是，在市区找到车位后也千万不能掉以轻心：为什么自己运气如此好，这个车位就空在这。通常需要考量：这个车位是不是残疾人停车位？是不是商业用车停车位或者卸货区？是不是出租车等待区？是不是只允许住户停车？是不是有消防栓？是不是被贴了告示，因搬家或者道路维修而被临时征用？目前是不是清扫街道时段？否则，就可能面临收到罚单的风险。为使支付罚单也更为轻松，波士顿市政府发布了一款名叫 Boston Pay Tix 的 App。该软件操作简单，可以扫描或者手动输入罚单号码、车辆信息，输入银行卡信息点击付款，随后就会收到成功缴纳罚款的邮件。

结束语

在波士顿，提供自驾出行服务的 App 还有很多。比如，由波士顿市长 New Urban Mechanics 办公室等机构和波士顿当地一家科技公司 Terrible Labs[①] 联合推出的 Ticketzen。借助该软件，用户利用智能手机摄像头扫描停车罚单上的条形码即可缴纳罚金，享受更流畅的用户体验。同时，该软件还提供提醒功能，帮助用户避免缴纳滞纳金。当然，政府部门在不遗余力地推出一款又一款 App 中有可能慢慢陷入 IT 黑洞，公民则在林林总总的选择中陷入困惑。

随着我国"互联网＋政务服务"工作的推进，政务 App 涨势明显。由中山大学联合支付宝发布的《移动政务服务报告（2017）——创新与挑战》显示，截至 2017 年 11 月，全国 70 个大中城市共计推出 514 个政务 App，涵盖了交通、人社、民政、旅游等多个领域；

---

① Terrible Labs 已于 2014 年 11 月被美国电脑软件公司 Autodesk 收购。

政务 App 服务逐步从单一领域向一站式转变。2018 年 12 月 27 日，国务院办公厅印发《国务院办公厅关于推进政务新媒体健康有序发展的意见》（国办发〔2018〕123 号），强调各地区、各部门要以内容建设为根本，不断强化发布、传播、互动、引导、办事等功能，为企业和群众提供更加便捷实用的移动服务，努力建设利企便民、亮点纷呈、人民满意的"指尖上的网上政府"。波士顿移动政务 App 的尝试无疑为我国各城市正在建设的政务 App 提供了借鉴。

思考题

1. 自驾车出行需要公民下载一个又一个政务 App，这个用来缴纳停车费，那个用来处理违章……如何让百姓使用更方便？

2. 路线规划是很多商业 App 提供的功能，那么政务 App 是否还需要提供类似功能？

3. 在解决城市交通问题中，政府、市场和公民应如何基于 App 开展合作治理？

案例教学使用说明书

课前准备

1. 检索并阅读省级政府部门颁布的有关"政务服务 App 统一平台建设"的政策文件。

2. 分别体验您所在地区由政府部门、商业机构提供的公共交通出行 App，对比使用感受。

3. 检索并阅读近年来由中共中央党校（国家行政学院）发布的《移动政务服务发展报告》，以及中国信息通信研究院发布的《政务服务移动 App 发展情况研究报告》。

教学目标

1. 理解：以奥斯特罗姆夫妇为代表的布卢明顿学派提倡的共同生产理论对于政务服务 App 建设的理论指导意义。

2. 掌握：政务 App 建设的一体化与多元化策略的异同；政务 App 建设的关键。

3. 反思：政务 App 和商业 App 的边界及关系。

要点分析

1. 无论是选择一体化策略，还是选择多元化策略，建设政务 App 的关键是"一体化政务服务平台"

一体化和多元化源自企业增长战略理论。一体化战略有纵横之分，其中，纵向一体化也称垂直一体化，是指企业沿着产业链占据若干环节的业务布局，选择向后端扩张到原材料环节，或者向前端扩张到营销领域，前者是后向一体化，后者是前向一体化。横向一体化也称水平一体化，是指资本在产业链同一环节上集中，目的是扩大规模、降低成本，以此巩固市场地位。多元化是指为了避免单一产品或服务的风险而进入其他领域的策略，可以是产品的多元化、市场的多元化、技术多元化、人才多元化、资本的多元化，或者兼而有之；多元化可以是相关领域的多元化，也可以是不相关领域的多元化。

在互联网空间，商业门户网站的扩张率先将一体化以及多元化战略理论付诸实践。无论是选择一体化战略，还是选择多元化战略，都有成功的典范，相应形成了垂直门户和综合门户。所谓垂直门户（vertical portal）就是针对某一特定领域、某一特定人群或某一特定需求提供信息和相关服务的网站。比如，出行领域的携程、住房领域的搜房、就业领域的51Job等。所谓综合门户（general portal）是指提供各类信息和服务的网站，如新浪、搜狐和网易等。

对于政务App而言，很多部门推出了提供单一服务的政务App。比如，"登记注册身份验证"专门服务于工商部门业务办理过程中自然人身份的核实。很多地区推出了提供综合服务的政务App。比如，"北京通"集成了与北京居民及城市访客的衣食住行密切相关的各类应用。实践中的问题在于，无论是一体化还是多元化，都没有让老百姓满意。以交通出行领域为例，选择一体化战略建设政务App，但并未定位清楚恰当的应用场景，导致百姓需要下载实时公交App、地铁App、交通App、交警App、交管App，使用时需在不同应用间来回切换；选择多元化战略建设的政务App，所提供的出行服务又过于粗略。归根结底，这是政务App建设过程中分散建设、标准不一、数据不畅、协同不足的典型反映。

无论是提供垂直服务，还是提供综合服务，政务App都是实现政务服务事项"掌上办""指尖办"的载体。解决当前困境的关键在于"一体化政务服务平台"建设，平台建设成功与否决定了政务App的水平高低、质量好坏。此一体化非彼一体化，不同于企业扩张战略的一体化。一体化政务服务平台的一体化意味着统一，即统一网络支撑、统一身份认证、统一电子印章、统一电子证照、统一数据共享。这需要综合保障的一体化，即标准规范、安全保障、运营管理、咨询投诉和评估评价的一体化。只有建设好一体化政务服务平台，才有可能实现政务App的全城通办、就近能办、异地可办。

2. 政务 App 是实践公共服务共同生产的最佳载体

以奥斯特罗姆夫妇为首的布卢明顿学派提出了共同生产理论。在这一理论视野下，公共服务的消费者常常被视为公共服务生产过程的组成部分，因此传统公共服务供给理论中关于生产者和消费者两分法的观点便站不住脚。要理解"消费者—生产者"共同生产的思想，可以从随处可见的生活实例中加以验证：如果听众是完全消极的，音乐会就不能取得成功；教授无法教一个不情愿或完全没有兴趣的学生；医生在诊断过程中经常需要病人的配合。一旦给予清楚的定义，共同生产便可以在服务行业包括私人和公共部门在内的许多领域里得到确认。在公共服务供给中，如果忽略消费者与生产者共同生产的部分，"服务做得越好，用户对服务越不满意"的服务悖论就会出现，其结果自然是二者之间交互的缺陷变得越来越多。

如果说共同生产理论对政府网站建设而言尚停留在理念阶段，对于政务服务App便已经具备了将其付诸实践的可行性。移动互联网为所有人提供了随时、随地接入和参与的技术基础和操作便利。在交通出行领域，最常见的有"交通违章随手拍"，即公众提供违章信息，交管部门接收信息并核查后实施相应的行政处罚；"路况信息随时报"，即公众提供路况信息，交管部门接收信息，核查后实施交通流量控制措施，其他公众收到信息后便可以调整出行计划。类似的应用举不胜举，这些是共同生产理论在政务App中的实践演绎，一项让公众满意的政务App显然离不开公众参与共同生产。然而，公众通常不会选择主动参与并踊跃互动，这需要政务App的建设者和管理者设计一套行之有效的激励机制，如志愿者制度、积分奖励制度或者是竞争锦标赛制度等。当然，从长远来看，这需要政府部门长期致力于培养公民的参与意识，提高公民的信息素养，营造参与共同生产的社会氛围。

以政务App为载体，探索公共服务共同生产是一种复杂的供给模式创新。之所以说它是复杂的，是因为其主体的多元化、目标的多样化，以及范畴的跨域性，因此呼唤以共识为导向的、正式的制度安排。如何界定生产者和消费者在共同生产中的地位、作用及相互关系；如何建立一种协调机制，使各方的在线活动达到"善治"的目标，即国民社会福利的最大化，都是需要理论研究的难题。毕竟在不同地区，如何发挥共同生产的作用是需要实践探索的问题。并且，这些问题不存在兼容并包的答案。如果探索获得成功，那将不仅是政务App建设的有益探索，更是推动国家治理体系和治理能力现代化的重大成果。

3. 政务App与商业App需要优势互补、协同共治

无论是选择一体化策略还是选择多元化策略，当政府设计政务App时，市场上可能已经存在提供类似功能的商业App，且拥有大量用户。比如，在交通出行领域，几乎所有提供地图服务的商业App都具备规划出行路线的功能。这就需要政府和企业开展优势互补、协同共治，避免重复建设，避免政务App陷入无人问津的窘境。企业的优势在于掌握大量活跃用户流量，这是互联网空间的核心竞争力；政府的优势在于掌握大量一手实时数据。比如，在交通出行领域，大街小巷的摄像头所采集的实时路况数据具有极高的应用价值。当然，企业还具备技术优势，政府则具备权力优势。然而，商业App追逐的是盈利，而政务App追求的是为老百姓服务。虽然协同共治的重要性毋庸置疑，但在

价值导向冲突的影响下，如何协同共治成为需要破解的难题。

政务 App 与商业 App 的协同共治意味着多主体、多机制、多渠道，核心是围绕服务议题，充分整合信息、技术、行政资源和社会资本，提供便捷高效、百姓认可的公共服务。具体协同模式有很多，如外包或者合作治理等。如果政府选择外包，一旦建立外包关系，政府与企业就形成了委托代理关系，其所固有的逆向选择与道德风险随之而来。如果政府选择合作治理，一方面可能由于权责不清或权责不对等导致公共责任流失，另一方面可能由于权力转移导致企业在合作中成为追责的替罪羊。

无论选择何种协同共治模式，有一点是肯定的，即要最大程度降低主体权责的模糊性所带来的不确定性。上策自然是清晰界定责权边界，但是互联网空间的未知大于已知，诸如数据权等一系列新问题并无清晰的答案。因此，政府部门必须致力于自身信息能力的不断改善。信息能力是理解、获取、利用信息及利用信息技术的能力，互联网时代，信息能力是治理能力的应有内涵。信息能力的提高可以有效提高应对不确定性风险的水平，这不仅是对公务员个人提出的新要求，也是对政府组织提出的新要求。信息能力的改善不能仅从书本中汲取，更需要通过"干中学、学中干"的方式来实现。在协同共治中，政府需要向企业学习，而不是单纯向企业购买服务。信息通信技术的创新无止境，信息能力的提高永远在路上。提出"软实力"概念的约瑟夫·奈（Joseph S. Nye）在《权力的未来》（*The Future of Power*）一书中已经给我们提出了警示，"信息革命和全球化正在为非国家行为体提供新的权力资源""传统智慧认为，拥有更强军事力量的国家可以主导一切，但在互联网时代，最擅长国际传播信息的国家或非国家实体可能胜出"。

扩展阅读文献

[1] Ostrom V, Ostrom E. Public Goods and Public Choices：The Emergence of Public Economics and Industry Structures[J]. The meaning of American federalism, 1991：163-197.

[2] Rotta M J R, Sell D, Dos Santos Paheco R C, et al. Digital Commons and Citizen Coproduction in smart cities：Assessment of Brazilian Municipal E-government Platforms[J]. Energies, 2019, 12(14)：2813.

[3] 约瑟夫·奈. 权力的未来[M]. 北京：中信出版社，2012.

案例 4
寓教于乐的游乐场——
政府网站的儿童频道

案例正文

【摘要】如今的未成年人属于网生一代，我们既希望他们从小养成良好的上网习惯，练就过硬的信息能力，又担心他们沉迷网络、误入歧途。庞大的市场潜力吸引企业开发了无数针对青少年的信息产品和服务，但在市场竞争和利益的驱使下难免出现不同程度的行为失范问题，这就侵犯了未成年人的网络权益。加强对未成年人网络空间的保护已成为社会共识，各国政府均在不遗余力地开展治理。开展治理的同时是否可以另辟蹊径，在政府网站中为下一代开辟专门频道，发挥主阵地、主渠道的作用？美国政府网站儿童频道建设的起落可以引发我们对政府网站建设的反思。

【关键词】政府网站；未成年人上网；儿童频道

引言

您是否见过这样的场景：寒假、暑假的空闲时间里，您踏入网吧，却发现一群身高勉强到吧台的小学生早就占满了位置，在游戏世界里"打打杀杀"，不时发出或开心或愤怒的喊声。您是否听过这样的新闻："12岁小学生打赏网络主播，花掉环卫工母亲4万元积蓄；一名少年沉迷互联网赌博，最终走上盗窃之路；13岁少年沉迷某网络游戏，疑似模仿游戏中翻墙跳楼动作而身亡……"[1]在世界各国，关于青少年因网络而受到伤害、

---

① 《预防青少年网络沉迷刻不容缓（人民时评）》，http://edu. people. com. cn/n1/2018/0928/c1053-30318551.html，2020-07-15。

酿成苦果的新闻已屡见不鲜。

互联网自 1969 年诞生以来，短短数十年间，已经成为人类生产生活的必需品。互联网时代，未成年人是网络"原住民"，未成年人网络保护成为全世界共同关注的话题。当前，关于未成年人网络保护的立法和政策推动取得了卓有成效的进步。2019 年 8 月 22 日，国家互联网信息办公室正式发布《儿童个人信息网络保护规定》。此外，越来越多的互联网平台企业以其技术、信息等优势逐渐承担起社会责任。但本质上，对未成年人网络素养的培养是更基础的问题，也是未成年人网络保护追求的深层次目标。在这一层面，政府网站该如何作为？

1. 为孩子、父母及教育工作者服务 16 年的美国联邦政府儿童频道

2000 年 9 月，美国联邦政府网站（http：//www.firstgov.gov）①开通。网站专门设有"儿童服务"板块（firstgov for kids，http：//www.kids.gov），点击即可进入各种各样儿童喜爱的板块（见图 4-1 左上）。板块对美国小公民特别照顾，在网站建设阶段就关注对未来小公民的培养，吸引他们的注意力。"儿童服务"板块的设计充分反映了美国元素，将美国国旗的蓝、红作为基色，并以国旗小五角星作为背景。同时，板块设计充分考虑儿童偏好，首页图标采用动画图片作为标识。内容设计方面，该板块下设 12 个栏目，分别为：艺术（Arts）、职业（Careers）、计算机（Computer）、与犯罪作斗争（Fighting Crime）、有趣的事（Fun Stuff）、地理（Geography）、地球村（Global Village）、政府（Government）、健康（Health）、历史（History）、家庭作业（Homework）、金钱（Money）。从儿童的视角，利用游戏、视频等方式开展爱国教育和价值养成，形式新颖有趣。

美国联邦政府网站于 2002 年 2 月、2003 年 5 月进行了两次改版，"儿童服务"板块也根据用户需求和反馈意见随之调整。2007 年 6 月，美国联邦政府网站网址变更为 http：//www.usa.gov，"儿童服务"板块再次调整。改版后的"儿童服务"细分了不同年龄段未成年人的需求，针对幼儿园到 5 年级、6 年级到 8 年级的儿童提供不同的游戏、视频等功能。此外，板块开始为父母（parents）、教育者（educator）提供子女教育、学生教育相关课程和活动（见图 4-1 右上）。大约每隔两年，"儿童服务"板块就会根据网站运行情况进行改版。在 2009 年年初的改版中，该板块根据用户访问行为特征增加了"热点链接"（Popular Links），包括白宫（White House）、阿拉摩龙（Alamosaurus）、宪法（Constitution）、游戏和活动（Game and Activities）、职业（Careers）、总统（Presidents）、国家网站（State Websites）、环境（Environment）等主题（见图 4-1 左下）。从热点链接的排名来看，阿拉摩龙仅次于白宫，位于第二名，可见孩子们对于白垩纪北美洲恐龙的兴

---

① 2007 年 6 月，该网站网址修改为 http：//www.usa.gov/。

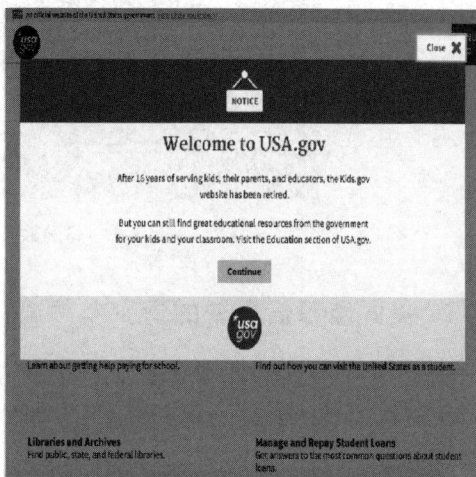

图 4-1 美国联邦政府网站的儿童频道

趣和追捧。

令人惋惜的是，如今登录这个网址会显示图 4-1 右下所显示的信息提示。运营 16 年后，"Kids. gov"正式"退役"。目前，儿童板块已改版为教育板块（www. usa. gov/education），网站链接到第一政府网站的首页部分，方便访问者查找。在内容方面，教育板块更偏重于提供教育信息，主要为关于教育的政府信息，包括小学、中学和高等教育；更集中于提供教育资源，包括图书馆、资金支持等信息。教育板块同样设有儿童相关内容，但不再提供学习、娱乐功能，而专注于儿童保育、收养寄养的信息。[①]

无独有偶，同一时期，英国联邦政府门户网站也开设了专门的儿童服务网站(http://kids.direct.gov.uk/)，无论是设计理念、设计风格，还是服务对象、服务内容，都与美国联邦政府网站儿童服务非常类似(见图4-2)。不过，该网站目前也已停止运营。

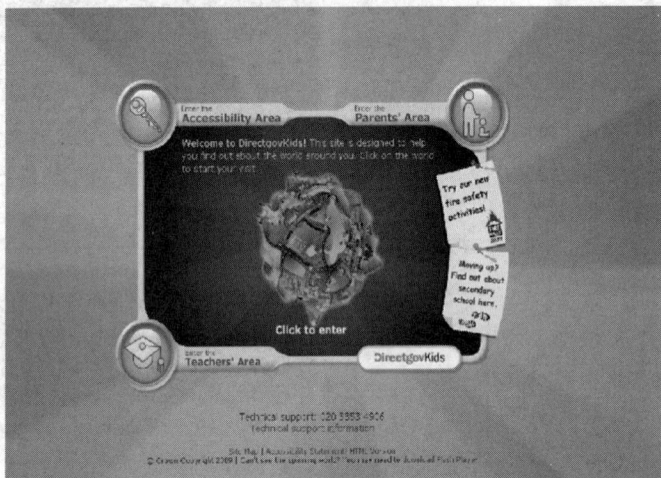

图 4-2　英国联邦政府儿童服务网站

2. 美国能源信息署的青少年频道：精力充沛的儿童(Energy Kids)

虽然一些专门服务于未成年人的水平门户网站纷纷停止运营，但是越来越多的官方垂直网站，即专注于某一个议题的儿童网站如雨后春笋般应运而生，甚至连美国联邦调查局(Federal Bureau of Investigation，FBI)网站都开设了儿童栏目。很难想象该网站会专门为青少年准备了有趣的网络游戏，在娱乐中宣传"预防针对儿童的犯罪"。

美国能源信息署(U. S. Energy Information Administration，EIA)开设的青少年频道(Energy Kids)(https://www.eia.gov/kids/)是一个杰出代表，该网站建设的初衷是要给青少年提供一个有关能源及相关科学知识的教育类网站，在内容与形式上均有所创新，获得了众多青少年的青睐，还获得过多个国际奖项。2012 年，该网站获得了网络营销协会(Web Marketing Association)颁发的年度优秀网站奖。2016 年，EIA 统计的数字显示，该网站的页面浏览量达到了 95 万。

点击网址，首先映入眼帘的便是蓝色天空和点缀于其间的朵朵白云，页面底部分布

---

①　美国第一政府网站教育板块，https://www.usa.gov/education。

着矿石、玉米、太阳能电池板、风力发电塔等图片。位于页面中间部位的是网站主要内容，分为什么是能源(What Is Energy)、能源的种类(Energy Sources)、如何保存和使用能源(Using & Saving Energy)、能源发展史(History of Energy)、游戏和活动(Games & Activities)五大板块(见图 4-3)。其中最受青少年喜爱的为游戏和活动板块，包括猜谜、词汇扩展、能量数独、填字游戏等内容(见图 4-4 左)，内容轻松简单，实现了"寓教于乐"。除此之外，网站还设有专门的教师板块，为教师提供教学指南以及与能源相关的文章、实践和实验等(见图 4-4 右)。

图 4-3 美国能源信息署的青少年频道

从使用感来讲，Energy Kids 网站沿袭了美国政府网站一贯的简洁、简单设计风格，页面设计简洁、操作简单、板块内容清晰，能够最大程度降低青少年的使用障碍，同时能够吸引青少年的关注。从内容来看，这一网站改变了以往科技类学习网站枯燥、无趣的刻板印象，以轻松、活泼的游戏方式提供了权威、科学的学习资源，寓教于乐，是学习类网站的典范。

除 Energy Kids 外，美国国家航空航天局（National Aeronautics and Space Administration，NASA)也开设了 NASA Kids' Club 网站(www. nasa. gov/audience)，以讲故事、做游戏的形式传输科学知识，极大提高了青少年的学习兴趣。欧洲航天局、

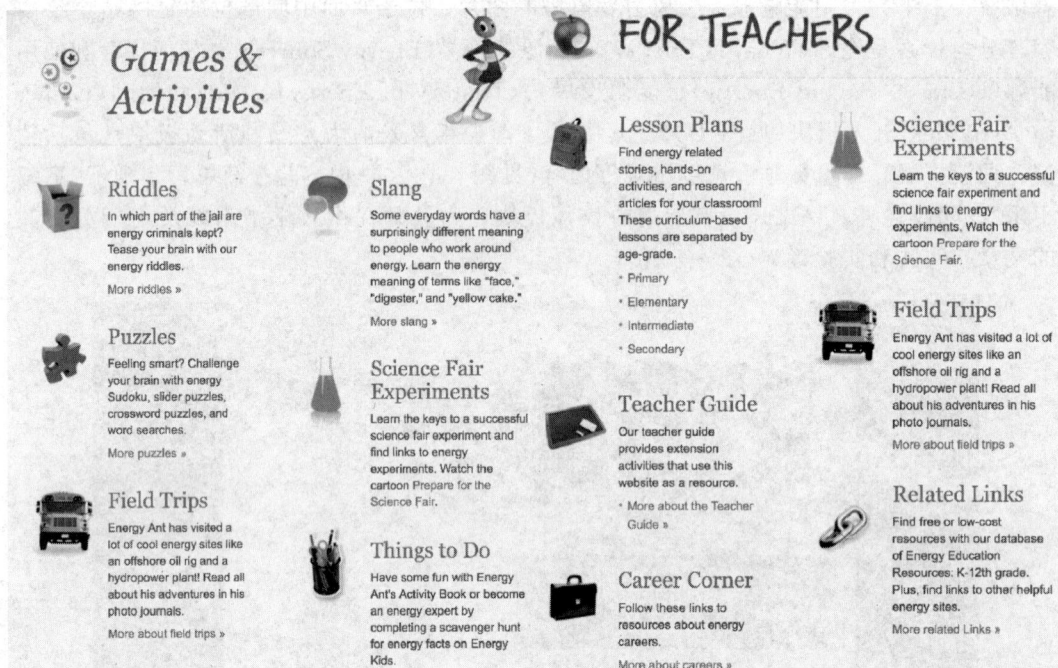

图 4-4　美国能源信息署青少年频道相关板块

日本宇宙航空研究开发机构也同样设置了青少年频道①，内容严谨、形式活泼是这些网站的共同点。

结束语

关于未成年人网络保护，我国在《中华人民共和国未成年人保护法》和《中华人民共和国网络安全法》中均有相关的原则性规定。为营造良好的网络环境，《关于严格规范网络游戏市场管理的意见》《关于做好预防中小学生沉迷网络教育引导工作的紧急通知》《儿童个人网络信息保护倡议书》《儿童个人信息网络保护规定》等系列规章制度、行业规范、社团倡议陆续发布。但是，为未成年人营造健康的网络环境，政府不能仅仅扮演监管者角色，还应承担公共服务供给者的责任。为未成年人提供正面、积极的网络游戏场地和网络学习场所显然是网络空间公共服务的应有之义。

实践中，我国政府网站鲜有上线关于未成年人的专门板块。商业平台的确为未成年

---

①　欧洲航天局的儿童频道网址为 https://www.esa.int/kids/en/home，日本宇宙航空研究开发机构的儿童频道网址为 https://fanfun.jaxa.jp/。

人提供了优质学习平台，但在商业利益的驱使下，不当行为时有发生。[①] "要想毁了一个孩子，就给他一部手机！"[②]但是，政府网站资源是有限的，如何在有限资源的约束下，既提供"信息发布、解读回应和互动交流、办事服务"功能，又为未成年人搭建服务平台，是一项具有挑战性的命题。

思考题

1. 在有限的公共服务供给资源约束下，政府网站应按照什么原则安排在线用户的服务优先级？

2. 为了服务于未成年人网络行为习惯养成教育，在引导未成年人健康、科学用网方面，政府网站应发挥怎样的作用？

3. 政府网站在服务未成年人上网的过程中，应如何保护未成年人的个人信息？

案例教学使用说明书

课前准备

1. 检索并阅读美国颁布的《儿童在线隐私保护法》(Children's Online Privacy Protection Act)和《儿童因特网保护法》(Children's Internet Protection Act)。

2. 检索并体验案例正文中尚未提及的由政府网站儿童频道或儿童网站提供的在线服务。

3. 检索并阅读近年来由联合国儿童基金会发布的《世界儿童状况》报告，共青团中央维护青少年权益部、中国互联网络信息中心发布的《全国未成年人互联网使用情况研究报告》，以及中国社会科学院新闻与传播研究所、中国少年儿童发展服务中心发布的《中国未成年人互联网运用报告》。

教学目标

1. 理解：政府网站在未成年人信息素养教育方面大有可为。

2. 掌握：理论上，电子政务的服务对象是所有行政相对人。实践中，需要进行用户

---

① 伍素文：《学习类App监管趋严：色情、网络游戏、商业广告依然存在》，http://tech.qq.com/a/20190118/001925.htm，2020-07-18。

② 程振伟：《莫让祖国青少年被网络"俘获"》，http://pinglun.youth.cn/ttst/201810/t20181006_11747436.htm，2020-07-18。

细分，按照用户及其需求的优先级优化配置政府资源。

3. 反思：如何平衡未成年人上网的"放手"与"保护"？

要点分析

1. 电子政务的服务对象是所有行政相对人，但实践中必须统筹用户及其需求的优先级

电子政务的服务不仅要强调供给主体、供给范围、供给方式等工具理性，解决"谁来供给""供给什么""如何供给"的问题，而且需要考量百姓需求、公平正义、人民满意等价值理性，解决"为了谁"的问题。

电子政务用户不同于电子商务用户。对于市场主体而言，电子商务用户意味着那些具有消费能力和潜在消费能力、通过购买产品或服务为商家带来经济效益的人。但是，对于行政主体而言，电子政务用户意味着所有受行政活动影响的人，无论他们是否具备接受服务的机会和能力。从供给方的视角出发，电子政务需要考虑如何惠及所有人，在提供在线公共服务方面，服务对象的覆盖面要做到"一个都不能少"。正如国际电信联盟倡导的那样，我们应当不懈努力，让所有人融入互联网时代。然而在实践中，一方面不同行政相对人对电子政务的需求各不相同，另一方面与日益增长的公众需求相比，政府建设电子政务的资源是有限的。如何将有限资源优化配置给最需要的行政相对人以及最迫切的需求领域，这就需要将用户细分理论应用到电子政务建设实践中。

用户细分法由美国学者于20世纪50年代中期提出，是一种根据用户特征与用户反映将其分类的方法，率先应用于商业领域。伴随着以大数据为代表的新一代信息通信技术的发展，用户画像等技术丰富了用户细分的技术手段。从"电子政务"概念提出开始，用户细分理念就被应用于政府网站建设。当然，如何细分政府网站用户见仁见智。针对用户细分的一级分类，从二分法到六分法等各种观点层出不穷。实践中，被广泛接受的一级分类是将政府网站用户分为公民、企业和政府。那么，如何对公民进行二级细分呢？显然，我们可以从很多角度来回答这个问题。比如，可以基于籍贯、居住地等地理学特征，也可以基于年龄、职业等人口统计学特征。一旦对用户进行细分之后，随之而来的问题是，在有限资源的约束下如何统筹用户及其需求的优先级。

实践中越来越被广泛接受的做法是，政府优先考虑社会中的弱势群体。《2018联合国电子政务调查报告》显示，80%的成员国提供了惠及妇女、儿童、青年、残疾人、老年人、土著居民、贫困人口或其他弱势群体和社区的具体计划和倡议，而2012年该比例不足30%。其中，未成年人是被普遍关注的群体。之所以对该群体倾注更多注意力，是因为这个群体从出生开始就生活在由智能手机和社交媒体交织的互联网环境中，他们的信息意识、信息能力和信息道德直接影响下一代国民信息素养的整体水平。显然，国民信息素养"从娃娃抓起"是政府义不容辞的责任，而政府网站在其中必然扮演重要角色，发挥应有作用。

2. 坚持全生命周期理念，以政府网站为载体服务未成年人信息素养的培养

新一代未成年人是互联网时代的"原住民"。正如人有生命周期那样，他们在互联网空间的成长也有生命周期。如何从未成年人触网的起跑线开始，对他们进行有针对性的引导，提供寓教于乐的在线服务，显然是政府部门必须考虑的问题。当前，尽管新的媒介形态，比如微博、微信公众号、政务App等层出不穷，但是政府网站仍然具备不可替代的权威性。以政府网站为载体服务未成年人信息素养培养，不仅可以从小培养他们使用政府网站的行为习惯，而且可以让其监护人也走近并熟悉政府网站。更为重要的是，能够在未成年人信息素养培养中发挥主阵地和制高点的作用。

按照联合国《儿童权利公约》规定，儿童指18岁以下的任何人。在我国，未成年人指未满18周岁的公民；而在其他国家，未成年人被定义的年龄范围并不完全相同。按照中国互联网络信息中心的调查，截至2019年6月，我国网民规模达到8.54亿，其中10岁以下网民占4%，10~19岁占16.9%。为了更有效地给庞大的未成年人群体提供在线服务，显然需要对他们进行用户细分。很多研究立足于未成年人心理发展阶段进行细分，理论上存在很多分类标准，比如心理发展、心理性欲、种系演化、智力或思维水平、自我的矛盾或活动特点等。政府网站建设实践中，较为常见的是以活动特点作为标准。以苏联心理学家艾利康宁和达维多夫为代表，他们将未成年人活动特点划分为0~1岁直接的情绪性交往活动、1~3岁摆弄实物活动、3~7岁游戏活动、7~11岁基本的学习活动、11~15岁社会有益活动、15~17岁专业的学习活动。实践中，提供未成年人在线服务的政府网站要么选择按照年龄段划分板块，通常以tabpage的形式出现；要么聚焦于某个或某几个年龄段（通常选择3岁以后）的未成年人，根据他们的认知特点设计网站内容、网站结构、网站色彩及呈现形式，有针对性地提供在线服务。

游戏化、社区化是优秀网站给我们的启示。游戏化是指网站提供大量的游戏活动，以游戏活动的方式呈现知识，让未成年人，特别是7岁之前的儿童在游戏活动中获取言语信息、智慧技能、认知策略、动作技能和情感态度等知识。社区化就是为那些有共同爱好、共同需求的未成年人及其监护人搭建分享空间，未成年人思维相对发散，丰富多彩的社会化活动和与同伴的互动交往有助于未成年人协调智力和非智力的发展。游戏化和社区化不仅能抓住未成年人的兴趣，也能激发未成年人的动机，在潜移默化中引导未成年人文明、科学上网，助力培育高水平信息素养。

3. 疏导与管制"两手抓，两手都要硬"，为未成年人营造一个安全、健康的网络环境

未成年人网络服务是一个巨大的市场，当前扮演服务提供者的主要是市场主体。未来，即使政府网站能够成为吸引未成年人上网的热点平台，无论是在学理上还是在实践中均不应该也无法将市场主体排除在外。网络空间的复杂性和不确定性决定了这一领域未成年人需求的多变性，单一主体无法满足多主体的动态需求。相比于市场主体，政府对网络空间的感知力不足，未成年人必然会从市场中寻求服务。注意力是互联网空间中的稀缺资源，海量信息将导致注意力贫乏，未成年人会在可供消费的过载资源中有效分配注意力。因此，政府在扮演服务提供者角色的同时也必须成为市场监管者。只有"疏导"与"监管"双管齐下，才能为未成年人营造一个安全、健康的网络环境。

疏导是指通过加强以政府网站为载体的未成年人上网服务，吸引更多未成年人到政府网站平台上活动。监管是指通过法律、行政和技术等手段，加强未成年人上网保护、严格未成年人上网市场监管。关于"疏导"，可以参考本篇"2. 坚持全生命周期理念，以政府网站为载体服务未成年人信息素养的培养"的论述。这里着重谈"监管"。

作为一个重要的公共领域，互联网并非孤立的存在，与现实社会的联系越来越紧密，所反映的现实社会问题也越来越尖锐。未成年人上网中遇到的权利保障、内容过滤、游戏管理、网瘾矫治等一系列问题本身具有现实复杂性和不确定性，往往需要线上、线下相结合，由社会各方力量共谋解决。这不是政府的独角戏，而是国家、社会、平台企业、学校和家庭的合作共治。

以美国为代表的国家选择的是行业自我规制模式，通过互联网行业自律约束和控制平台企业的行为，最大限度减少政府介入。政府的角色一方面是通过法律进行裁决，另一方面是利用教育和技术引导公民自律。社会组织为家长和未成年人提供一系列网络行为指导手册，为家长提供咨询，帮助他们成为合格的数字家长，履行好数字监护责任。

以韩国和新加坡为代表的国家选择的是政府规制模式，政府运用公权力，通过制定规则或者采取系列行动对未成年人上网的行为及市场进行限制和调控。在规制中，往往采用立法与技术相结合的手段，同时也倡导公民自律。当然，我们必须认识到，政府规制会增加市场主体的成本。比如，韩国针对未成年人网络游戏行为的限制措施导致了"气球效应"，平台商因收益问题不愿开发面向未成年人的服务，造成了未成年人接触成年人游戏风险的增加。社会力量，比如社区、志愿者乃至一些慈善机构，在倡导公民自律、凝聚社会共识方面发挥着重要作用。比如，新加坡赛马会博彩基金定期提供教育经费，用于资助学校设置信息素养类课程。

以英国和日本为代表的国家选择的是合作规制模式，政府、企业、行业协会、社会公民等利益相关者多方协作，化解问题。英国政府与其国内研究机构、互联网企业及其他相关社会组织携手编制行业标准，开发过滤工具，推进安全教育。日本则建立起了政府、企业、行业、家庭等多方参与的内容过滤体系。

在我国，2019 年 10 月 1 日起《儿童个人信息网络保护规定》（国家互联网信息办公室令 第 4 号）正式实施；10 月 21 日，提请全国人大常委会讨论的《中华人民共和国未成年人保护法》修订草案中新增网络保护内容；10 月 22 日，第六届世界互联网大会专门设立

"网上未成年人保护与生态治理论坛"，这些足见我国政府、企业和社会对互联网空间未成年人保护的关注。当然，对于政府而言，无论采取何种模式保护未成年人，提高互联网空间的治理能力才是关键。

扩展阅读文献

[1]靳超. 基于儿童认知心理学的儿童网站视觉设计研究[J]. 新闻研究导刊，2019，10(11)：77+79.

[2]滕广青，毕强. 儿童网站的信息构建策略研究[J]. 情报理论与实践，2010，33(3)：110-114.

[3]王平. 国外未成年人互联网利用行为差异研究进展[J]. 图书情报工作，2016，60(15)：134-139.

案例 5
"天上看、地上查、网上管"
的国土资源监管新模式

案例正文

【摘要】"十二五"以来，借助国土资源"一张图"和综合监管平台，围绕国土资源管理的中心工作，汇聚土地、矿产、森林、草原、水资源、山岭、河流等各类自然资源数据，我国构建并完善了"全国覆盖、全程监管、科技支撑、有效监督"于一体的资源综合监管体系，实现了"天上看得清，地上查得实，网上管得住"的资源监管新模式。在推进"互联网＋"，建设数字中国的进程中，如何处理好优化服务与强化监管的关系，服务于"山水林田湖草"系统的保护和综合治理，深化"放管服"改革，需要理论界的反思和实践界的探索。

【关键词】"一张图"；"互联网＋监管"；国土资源

引言

2005 年 6 月，在国土资源信息化建设研讨会上，国土资源部表示，我国将在"十一五"期间构筑围绕土地、矿产资源和地质灾害的国土资源监管三大体系，包括耕地保护信息化监管体系、矿产资源国家安全保障系统和地质灾害预警预报及应急指挥系统。① 2009 年 7 月，国土资源部印发《国土资源卫星应用发展规划（2009—2020 年）》，提出要充分利用先进科技手段建设国土资源业务卫星体系。2011 年 12 月 22 日，首颗业务卫星

---

① 《天上看　地上查　网上管——国土资源三大监管体系》，http://www.cgs.gov.cn/ddztt/ddyw/dzdcxx/wxyzx/201603/t20160309_289594.html，2020-07-05。

资源一号02C卫星成功发射,并于2012年4月18日进入业务化运行阶段。[1] 2016年7月4日,国土资源部印发《关于促进国土资源大数据应用发展的实施意见》(国土资发〔2016〕72号),提出2018年年底要初步建成国土资源数据共享平台和开放平台,实现一定范围的数据共享与开放。到2020年,要实现国土资源大数据在资源监管和公共服务等领域广泛应用,初步形成国土资源大数据产业新业态。如今,以卫星遥感技术、互联网和大数据等现代技术作为基础的"天上看、地上查、网上管"的国土资源监管运行体系已经形成,极大地提升了国土监管能力。

1. 何谓"天上看、地上查、网上管"

2011年7月,宁波市奉化区启动国土资源执法监察综合管理信息系统试点。经过5年的发展,奉化区基本实现了国土资源执法监管的数字化、规范化和空间可视化。执法人员在现场巡查时,利用即时拍照、"天地图"、红线绘制功能,采集疑似违法用地信息并发送到数据中心,通过与国土资源"一张图"数据库中的信息进行对比,最快在10秒内就能快速判断是否存在违法行为,便于执法人员当场处置,实现了对违法行为的早发现、早处理,大大提高了监管效率。[2] 这里的国土资源"一张图"面向的是国土资源监管与服务目标,将国土资源系统长期积累的土地、地质、矿产资源和地质灾害等数据资源进行整合、分析和挖掘,基于统一基础地理空间参考,对数据进行综合集成与展示,建立一个集中管理、安全规范、充分共享和全面服务的数据集成与动态更新机制和环境,形成映射国土资源状况的"电子沙盘",全面反映资源的数量、质量、分布和潜力。[3]

2019年,福建省自然资源厅全球导航卫星系统(Global Navigation Satellite System, GNSS)矿山检查体系正式运行。利用现代卫星导航定位技术,GNSS矿山检查体系可以实时监控全省矿山资源状况。在此基础上,将实时状况与国土资源"一张图"进行对比,就可以实现对矿山资源的监管。此外,政府工作人员会对矿山情况进行实地检查,并将检查结果上传至福建省矿政综合管理信息系统,实现线上、线下一体化。监管过程中,一旦发现有矿山经营者出现违规行为,该经营者就会被列入黑名单,其名下所有矿山采

---

① 奚江月:《"第一生产力"的神奇魅力——近十年来国土资源科技工作回眸》,http://www.cgs.gov.cn/ddztt/jqthd/dzdccg/xgbd/201603/t20160309_294298.html,2020-07-05。

② 孙吉晶:《天上看 地上查 网上管》,http://zjnews.zjol.com.cn/zjnews/nbnews/201606/t20160626_1655873.shtml,2020-07-05。

③ 自然资源部网信办:《国土资源监管新模式》,见何毅亭:《中国电子政务发展报告(2018—2019):数字中国战略下的政府管理创新》,137-150页,北京,社会学科文献出版社,2019。

矿权、探矿权将不得新立、延续、变更、转让。①

通过利用信息通信技术，"以脚丈量""以人监管"的传统国土资源监管模式被"天上看、地上查、网上管"的现代国土资源监管模式所取代，实现了"以图管地""以图管矿""以图防灾"，形成了覆盖全国的综合监管体系，提升了国土监管能力。

所谓"天上看"即卫星导航定位系统对土地、矿场等国土资源的实时监控，"地上查"即执法人员实地到访、核实、查处具体情况，"网上管"即利用综合信息监管平台，对信息进行核查、比对及发布。综合信息监管平台以"一张图"为数据基础，以时态 GIS 和空间分析为技术支撑，集成整合相关应用系统，建立集信息采集与动态监测、比对核查、综合分析等功能于一体的业务数据分析应用体系。这就是国土资源监管领域"天上看、地上查、网上管"的立体化、全方位监管模式。

2. "天上看、地上查、网上管"的监管模式新在何处

从行政技术角度看，"天上看、地上查、网上管"的现代国土资源监管模式充分利用了信息通信技术——无论是卫星遥感技术，还是互联网、大数据和人工智能等新一代信息通信技术，实现了对国土资源状态信息的实时采集、动态共享、随时比对，以及深入挖掘。不仅减轻了执法人员的工作负担，也有效提高了监管效率，在监管效度、监管强度等方面均有明显提升。

"天上看、地上查、网上管"的技术基础在于"一张图"。"一张图"整合了不同时期、不同单位通过调查评价和政务管理等手段获取的数据，包括近百个类别、数万个图层的遥感影像、土地、地质、矿产资源、地质环境和地质灾害数据。这些多源数据按照标准约定的统一数据模型，经过数据汇交、要素重组、图层归类、数据整合、拓扑重建、空间转换、质量检查等过程，形成涵盖五大类23小类、共计 6 992 个空间图层、累计 58.3 亿个数据要素的国土资源"一张图"。一体化数据组织与增量更新数据管理平台实现了对"一张图"PB 级数据的统一管理。

从行政方式角度看，"互联网＋监管"为国土资源监管提供了新思路和新模式。"互联网＋监管"与以往监管方法的最大不同是其建立在数据之上，数据成为执法决策与行动的基础。这不仅要求提高国土资源数据质量，把监管建立在数据分析之上，更重要的是要培养公务员的数据思维，提高公务员的数据能力，使其善于获取、分析、运用数据，练就做好国土资源监管工作的基本功。

"天上看、地上查、网上管"的工作保障是集发现、预警、处置于一体的国土资源综

① 张静雯：《我省在全国率先施行 GNSS 矿山检查体系矿山检查，可以"天上看、地上查、网上管"》，http://www.fujian.gov.cn/xw/fjyw/201904/t20190426_4857788.htm，2020-07-05。

合信息监管平台。以耕地保护为例，国土资源综合信息监管平台成为守住18亿亩耕地红线的利器。监管平台以地块为基本单位，从土地利用的现状、规划、计划、预审、审批、征收、供应、开发利用、土地整治等11个环节监测土地开发利用过程和耕地的占用与补充。当地块的数量、质量、地类任一方面不能满足占补平衡要求时平台即会报警，强制约束用地审批不通过；通过对比不同时期的遥感影像数据，判断出新增建设用地，并将其与全国耕地分布、农用地转用等信息进行比对核查，自动识别违规占用耕地，并将数据推送至监察执法部门予以处理。

当然，行政技术和行政方式的创新离不开制度保障。近年来，我国先后出台《国土资源部关于进一步运用现代科技信息手段规范和创新管理的指导意见》（国土资发〔2010〕81号）、《国土资源部办公厅关于加快推进国土资源遥感监测"一张图"和综合监管平台建设与应用的通知》（国土资厅发〔2012〕42号）等多部规范性文件，明确要求各级、各类国土资源管理业务必须以"一张图"和综合信息监管平台为支撑，各项业务的过程和结果必须"上图""入库"。系列规章制度的出台为"天上看、地上查、网上管"的监管模式奠定了制度基础，促进国土资源管理从重审批向重监管转变。

3. "天上看、地上查、网上管"的升级版

"天上看、地上查、网上管"的监管模式不仅改善了监管绩效，而且保障了国土资源领域"放管服"改革的顺利实施。借助国土资源"一张图"和综合监管平台，2013年以来国土资源部共取消、下放31项行政审批事项，探索出一条解决"一放就乱""一管就死"改革难题的新路径。

机构改革之后的自然资源部肩负"两统一"职责，即"统一"自然资源调查监测、自然资源确权登记、自然资源所有者权益和自然资源开发利用，"统一"国土空间规划、国土空间用途管制和国土空间生态修复。如何以国土资源"一张图"为基础完善自然资源大数据体系，如何构建一个集土地、矿产、测绘和海洋等政务服务事项于一体的"互联网＋政务服务"平台，一手抓监管、一手抓服务，寓监管于服务之中，深化"放管服"改革，不仅是实践者的政策议题，而且是学术界的研究命题。部分地区已经开始了新一轮的实践探索。

江苏省国土资源厅实现了全省建设用地网上报批窗口办理"日接日清"，审查环节比法定时间减少了10个工作日。通过实施"互联网＋监管"，江苏省行政审批实现了"多让数据网上走、少让群众路上跑"。① 2018年3月，江苏省常州市不动产登记全城通办系

---

① 《江苏创新"互联网＋国土资源服务与监管"新模式》，http://zgjssw.jschina.com.cn/yaowen/201702/t20170217-3637993.shtml，2017-02-17。

统正式上线。3月13日，刘女士拿到了金坛区不动产分中心发出的常州市"全城通办"第一本不动产证，常州市实现了全市不动产登记业务的"全城通办、受办分离"。该系统以常州市国土资源大数据平台为基础，该平台不仅能够为业务办理提供数据支撑，而且为打通业务流程提供了基础。如常州市国土资源局通过大数据平台整合用地预审、用地报批、土地供应、土地登记等流程，实现了用地业务的全流程审批。①

在贵州黔东南苗族侗族自治州，"互联网＋监管"的范围延伸到政府行政本身。州国土资源局搭建了国土资源工程项目监管信息平台，建立起"大数据查询＋公示"平台，公众可通过该平台查询各项工程项目信息，包括项目采购程序、资金使用信息、项目实施进度等，实现了项目实施过程的全过程透明。② 借助互联网技术，实现了人民群众对国土资源监管的监督。

结束语

在我国，政府对"互联网＋监管"的部署与"互联网＋政务服务"是同步的。李克强总理于2015年在《求是》杂志上撰文指出，政府的监管模式也必须与"互联网＋"相适应，既要做好服务，也要有效监管，创造公平竞争环境。在国务院"放管服"改革电视电话会议上，2015年，李克强总理提出"积极运用大数据、云计算、物联网等信息化手段，探索'互联网＋监管'模式"；2016年，提出"要用信用监管、智能监管联动，积极运用大数据、云计算、物联网等信息技术，强化线上线下一体化监管"；2017年，提出"用大数据、云计算等现代技术为监管装上火眼金睛"；2018年，提出"推进跨部门联合监管和'互联网＋监管'"。

在"放管服"改革的时代背景下，"管"要管好，而不是管死；"互联网＋监管"正是聚集于信息通信技术与政府监管职能的有机结合，是运用新一代信息通信技术提高政府监管能力的实践，其目标是促进政府监管规范化、精准化和智能化。监管本身并非是最终落脚点，转变政府职能，深化简政放权，创新监管方式，增强政府公信力和执行力，建设人民满意的服务型政府才是核心目标。

---

① 李树、陈洁丽、刘一珉：《不动产登记"全城通办"：国土资源大数据成为支撑》，https://baijiahao.baidu.com/s? id=1612565483806790991&wfr=spider&for=pc，2020-07-05。

② 《巧借"互联网＋"新东风开启国土资源服务监管新模式》，http://www.qdn.gov.cn/xwzx/bmdt/201706/t20170629_4606385.html，2020-07-05。

思考题

1."天上看、地上查、网上管"的国土资源监管新模式对于推进"互联网＋监管"的启示是什么？

2."互联网＋监管"的本质是什么？

3.在推进"互联网＋"建设中，应如何处理好优化服务与强化监管的关系？

案例教学使用说明书

课前准备

1.检索并阅读《国土资源部关于进一步运用现代科技信息手段规范和创新管理的指导意见》(国土资发〔2010〕81号)、《国土资源部办公厅关于加快推进国土资源遥感监测"一张图"和综合监管平台建设与应用的通知》(国土资厅发〔2012〕42号)等利用现代科技信息手段创新国土资源监管新模式的规范性文件。

2.检索并体验所在地政府"自然资源与规划"部门提供的在线服务。

3.检索并阅读近年来公开出版的诸如《国土资源信息化》杂志等报纸杂志上刊发的与"国土资源管理与服务信息化"主题相关的文章。

教学目标

1.理解："互联网＋监管"和"互联网＋政务服务"对于深化"放管服"改革同等重要。

2.掌握："互联网＋监管"是一项长期的复杂系统工程，实践中需要转变监管思路，需要共享监管信息，需要创新监管方式；需要开放监管数据，需要公众参与监管；需要变革监管制度。

3.反思：当前"互联网＋监管"冷、"互联网＋政务服务"热的现象。

要点分析

1.与"互联网＋政务服务"一样，"互联网＋监管"同样是"放管服"改革的重要内容

作为新时代我国深化机构和行政体制改革的重要内容，"放管服"改革是一个有机整体，涉及行政审批制度改革、商事制度改革等简政放权领域，涉及加强监管、公正监管的体制改革，涉及政务服务制度和公共服务体系改革。增强改革的系统性、整体性和协调性，既是全面深化改革的必然要求，也是提高全面深化改革整体效能的重要方法。比如，在削减行政审批事项的同时，既需要考虑保留事项的流程优化和在线审批服务，又需要同步拿出事中事后监管的措施和方法。简政放权、放管结合、优化服务统一于"依法行政""以人为本""行政效能"之中，对于推进政府治理体系和治理能力现代化具有"牵一发而动全身"的杠杆作用。

在互联网时代，搞好"放管服"改革需要深化技术应用，以技术创新推动流程创新，进而推动组织创新，从而促使政府组织机构和运行机制不断调整优化。通过"互联网＋"深化"放管服"改革，增强技术变革和制度创新的驱动力。从改革工作的战略部署来看，"互联网＋监管"与"互联网＋政务服务"是同等重要的。然而，实践中却出现了"互联网＋监管"冷、"互联网＋政务服务"热的执行偏差。

"互联网＋监管"对政府监管转型提出了要求，为政府监管转型提供了机遇，也带来了挑战。机遇在于，当前推进"互联网＋监管"具备政治保障、技术支持和社会共识。2015年以来，中央和地方各级政府对于推动"互联网＋"创新监管模式非常重视，无论是集体学习还是刊发署名文章，或是其他形式，"互联网＋监管"是被反复提及的议题。以云计算、大数据和区块链等为代表的新一代信息通信技术为"互联网＋监管"的实施提供了可行方案。市场中"互联网＋"相关产品和服务不断涌现、逐渐普及，无疑为达成"互联网＋监管"的社会共识奠定了群众基础。

实践中，"互联网＋"对政府监管转型提出的挑战显然大于机遇。传统的监管理念、制度、方式和手段已难以适应时代发展的要求，而将新理念付之于制度创新、方式创新和手段创新，尤其是制度创新的行动，必然是一项长期艰巨的任务。但如果没有制度创新，方式创新和手段创新是不可持续的。如何从管理走向治理，如何平衡严格监管与鼓励创新，如何权衡公共利益和私人利益，如何优化监管体系的组织机构，如何统筹事前、事中和事后监管，如何协调刚性和柔性的监管工具，如何引导行业自律与完善公众参与，如何提高敢于监管、科学监管、善用监管的能力和水平，都是摆在推进"互联网＋监管"面前一项又一项艰巨的任务。完成这些任务，没有标准答案；完成这些任务，需要解放思想、因地制宜、群策群力，坚持"实践出真知"。

2. "互联网＋监管"的本质是技术变革与行政改革同向同行

互联网是20世纪人类最伟大的技术发明。进入21世纪以来，互联网普及之快、覆盖之广、应用门槛之低，人类对互联网的依赖之强，导致虚拟世界与现实世界构成了一种相互缠绕、彼此嵌入的镜鉴关系。

"互联网＋监管"不仅是一个信息化项目，更是一项行政改革运动。从表面来看，实施"互联网＋监管"必然需要购置硬件、开发软件、搭建平台。但技术变革的核心是数据在有序流动中创造价值，实现数据有序流动所必需的是业务流程优化、行政职能转变、政府机构重组，后者显然属于行政改革的范畴，要么主动改革，要么倒逼变革。如果没有后者，技术应用无法发挥出应有效能；如果没有前者，行政改革的可操作性就会降低。无论是"一张图"还是"综合信息监管平台",不仅意味着技术变革,更蕴含着行政改革。

"互联网＋监管"强调部门间信息高度共享、业务无缝对接,其核心是数据管理。首先,数据来源与机构职能相关。数据是行政机构在履行法律法规所赋予行政职能的过程中采集到的,数据的准确、完整、及时、可靠与数据采集的合法性密切相关,这种合法性来自于依法行政。如果恪守行政职能,便能避免数据的多头采集,实现"权威部门一次产生、及时更新权威数据"。其次,数据是伴随业务流程而流动的。当不同机构开展协同监管时,数据自然在不同部门间共享。针对自然资源的"规、批、征、供、用、补、查"各个环节,依法依规进行业务流程梳理,明晰不同业务环节的责任主体,建立信息归集共享制度,便能实现数据跨地区、跨部门、跨行业、跨领域的有序流动、无缝集成,实现由静态监管向动态监管转变,从单部门监管向多部门联动,从而提高监管效能。最后,在确保信息安全的前提下逐步开放数据,方便全社会下载标准格式的专题数据图层,以数据为载体,形成全社会对自然资源的共享共治。自然资源数据"一张图"的建立和维护不应简单地满足于行政部门需要,而应立足于国家数据资源基础设施,将用户定位为最广泛的社会公众。只有这样,才能发挥自然资源"一张图"的社会效益。数据开放在政府,数据利用在社会,借助数据开放可以变政府"小监管"为社会"大监管",形成市场自律、政府监管、社会监督的监管格局。当然,一旦形成公众参与、社会监督的机制,公众可以突破时空限制,及时提供身边数据,从而丰富数据源,实现"旁站式监管"。

从国土资源监管"天上看、地上查、网上管"的实践来看,真正做到标准先行很重要。只有在遵从标准的前提下生产数据、组织数据、共享数据、更新数据、使用数据,才能为"互联网＋监管"奠定技术基础,提供平台支撑。标准先行的理念已成为共识,但实践中标准达成及遵从的本质是利益之争,需要广泛协商和各方妥协。

"互联网＋监管"并非简单的监管手段和方式的创新,技术变革带来了数据流动,打破了数据分布的旧格局,在数据就是权力的"互联网＋"时代,监管者与被监管者之间的新秩序正在形成。

3. "互联网＋监管""互联网＋政务服务"的共同基础是链接、平台和数据

监管和服务是政府的应尽职责,在"互联网＋"情景下,二者遵守共同理念,即链接、平台和数据,这是政府创新履职方式的基础。

无论是"互联网＋监管"还是"互联网＋政务服务",二者都离不开对链接(connective)的认知、运用和治理。在技术视野下,链接是指计算机程序各模块间通过传递参数和控制命令,组成一个可执行整体的过程。行政视野下的链接几乎等同于集体行动,个体通过分享、对话、协作产生了集体行动,互联网极大地降低了这种无组织

集体行动的成本，细小的意愿得以聚沙成塔。故此，在推进"互联网＋监管"以及"互联网＋政务服务"的过程中，我们需要谨防抗争政治的个人化，倡导观念的理性表达，从而达成共识行为、价值规范和理性的群体心理，避免不必要的摩擦和冲突。

"互联网＋监管"与"互联网＋政务服务"固然需要建设平台，但这是技术范畴的系统平台。我们需要清楚地认识到，以移动互联、即时通信、微博微信、社交网络等为代表的新应用带来了链接行动的多边汇聚和回应式适配，导致互联网升级为人们的生产、生活平台。互联网不再仅仅是信息平台，也是经济学意义上的双边或多边市场，更是社会学意义上如同蜂巢的社会平台，承载着身份认同、对话、共享、呈现、关系、名誉和社群等社会功能。平台经济、平台社会与物理世界和现实社会形成了一种内嵌式的博弈，在推进"互联网＋监管"以及"互联网＋政务服务"的过程中，我们需要防止"搭便车"所造成的"平台悖论"，即平台规模和范围越大其互动性越弱，还需要防止平台垄断等问题的滋生和扩散。

与链接和平台相伴随的是政府数据的开放和利用。开放政府数据正在全球如火如荼地展开，此举不仅深化了政府治理结构改革，而且带来了政府监管和服务的新变革。开放政府数据将"事务随人走"逆转为"人随事务走"；政府监管和服务由"政府在哪里"走向"需求在哪里"，并由经济基准走向社会基准。作为一种生产要素，数据流动有效降低了政府监管和服务的成本，实现了公共资源动态优化配置。更为重要的是，开放政府数据能够吸引企业、社会加入监管和服务生态圈，以弥补服务的总量短缺和质量欠缺；政府再通过购买服务、公私合营，以及负面清单和责任清单等方式，推动公共服务供给侧的结构化改革。

扩展阅读文献

[1]李华，孟宪素，翟刚，王莉莉. 基于国土资源"一张图"的综合监管与共享服务平台建设研究[J]. 国土资源信息化，2011(4)：26-31.

[2]黄璜，成照根. "互联网＋监管"：政策演变与模式划分[J]. 电子政务，2019(7)：68-78.

[3]聂勇浩，李霞. 迂回策略：监管部门如何破解数字化治理中的协同困境[J]. 电子政务，2018(1)：22-30.

案例 6
一码在手 出行无忧

案例正文

【摘要】红黄绿三色健康码是防控新冠肺炎疫情工作中出现的实践创新。在各地实际工作中，健康码能够在保障本地区人员必要流动的前提下有效防控疫情。但是，当境内疫情总体得到控制后，不同地区的健康码不能互认成为复工复产过程中人员流动的掣肘因素。如何实现不同地区健康码的互通互认，成为亟待解决的现实问题。同时，如何平衡精准采集分析人员轨迹与保护个人信息安全，也是在推动互通互认工作中必须直面的问题。

【关键词】健康码；互通互认；个人信息保护

引言

新冠肺炎疫情发生以来，一场疫情防控的人民战争、总体战、阻击战在全国打响。在落实"外防输入、内控扩散"疫情防控工作方针的过程中，各地积极探索如何利用信息通信技术严控人员流动，为在总体上控制疫情境内传播提供有力支撑。红黄绿三色健康码便是杭州数字化战"疫"的创新之举。2020年2月9日，杭州市余杭区率先推出健康码，之后在杭州全市推广，再之后在浙江省11地市实现全覆盖（见图6-1），全国很多地区也开始效仿。然而，当境内疫情总体得到控制后，在推进"外防输入、内防反弹"和有序推进复工复产工作中，健康码这一数字通行证却遇到"通行难"的新问题。

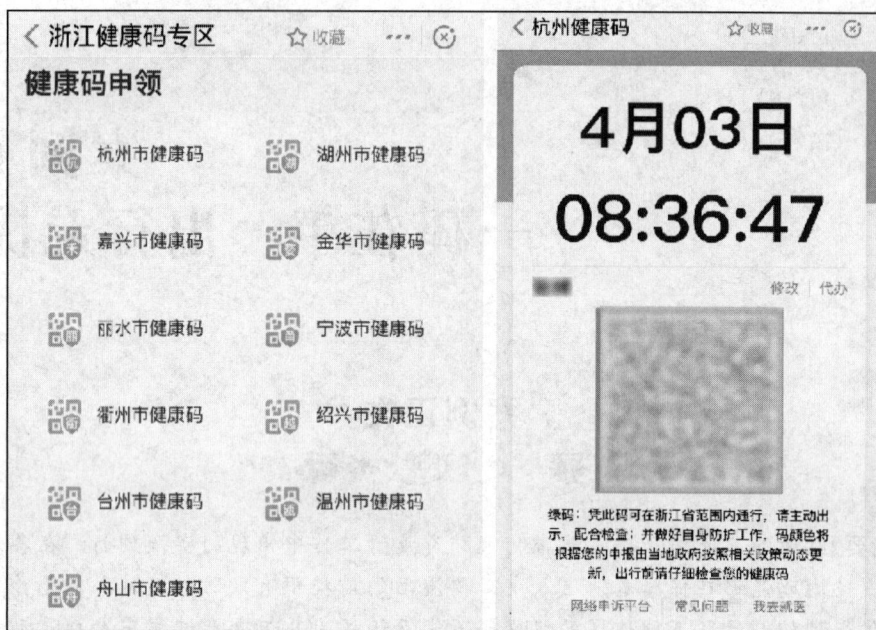

图 6-1　浙江省健康码

1. 居民出行如何管

新冠肺炎属于呼吸道传染病，对传染病的防控需要做到切断传播途径、控制传染源、保护易感人群，限制出行和轨迹追踪成为防止疾病在人群、地域中传播的可行方法。但是，如何在保障居民日常生活必需出行的前提下，最大限度地管控出行成为摆在基层工作者面前的一道难题。

杭州率先推出健康码，作为居民在当地通行的电子凭证。居民使用支付宝即可完成健康码申领，具体程序包括申请人填写身份信息、通行信息等与疫情相关的个人资料，后台根据所填写信息及其他来源数据综合分析并判定给申请人发绿码、黄码还是红码。绿、红、黄三种状态的健康码，可以根据疫情相关信息进行更新。显示绿码者可以在当地通行；显示红码、黄码者，需要自我隔离并在支付宝平台完成每日健康打卡，满足条件后即可转为绿码。① 通过验证二维码状态，社区等可以快速完成健康状态审核工作，为居民出行提供便利。2 月 13 日开始，在杭州的小区、商场、道路卡口等地点均可以看

---

① 《浙江在全国率先实现健康码全覆盖》，http://www.hangzhou.gov.cn/art/2020/2/18/art_812262_41938790.html，2020-06-15。

到市民持"绿码"通行。除测量体温等常规检查外，居民拿出手机、出示绿色健康码后，即可进出，完成购置生活物资等必需的出行工作。

"现在显示不出来，绿码截屏可以用吧？""不行！入小区必须现场显示绿码。"2月19日上午，杭州市西湖区文新街道五联西苑小区门岗处，一个小伙子被社工拦下。在工作人员的追问下，小伙子承认自己于2月13日去了宁波，14日乘坐高铁返回杭州，健康码也由绿码转为红码。最终，社工做通了小伙子的思想工作，安排其居家隔离观察。五联社区所在的文新街道已在辖区79个小区出入口全部张贴健康码使用流程，还在各社区、园区的卡口建立了以社工、物业人员、志愿者为主的健康码"助码岗"，帮助老年、残障等特殊群体申领健康码。为扩大宣传面，一些社区总结出了"推码十招"：大妈喊码、现场扫码、党员教码、视频播码、楼宇送码、宣传带码、短信推码、商铺贴码、消费亮码、代表荐码。①

健康码在红、黄、绿三色之间的转变得益于后台的大数据分析，这里需要人员的轨迹数据，也需要个人上报的健康数据，支付宝的实名认证功能可以在一定程度上避免因信用缺失而导致的健康码机制失效问题。支付宝"健康码"板块设有停留地区疫情风险查询功能，每日打卡记录中包含居民当前所处地区的风险等级。通过识别地区风险等级信息，平台可以对居民健康状态作出更准确的判断(见图6-2)。当然，并非所有居民都是支付宝用户，也有地区借助于其他平台开展健康码发放工作。通过三色健康码开展居民出行管理的工作方式在给百姓带来疫情低风险的同时，也引发了居民对个人信息保护的担忧。无论是何种平台，采集身份信息以及每人每天的位置、健康等数据是否具备合法性？即便是出于公共卫生突发事件的防控需要，采集和利用数据过程中是否在保护个人信息安全方面采取了相应举措？

14天行程申报与查询	今日未申报 >	〈 打卡记录及疫情... ☆收藏 ··· ⊗
每日健康打卡	今日未打卡 >	打卡日期　　　　　　打卡城市
停留地区疫情风险查询	>	2020-03-23　河北省石家庄市辛集市
查看打卡记录	>	该地区风险等级：低风险

图6-2 地区疫情风险信息

---

① 《杭州健康码"码"上见效》，http://www.hangzhou.gov.cn/art/2020/2/20/art_812262_41951333.html，2020-06-15。

2. 数字通行证遭遇跨区域通行难的窘境

在疫情防控工作中，一些地区采用电子出入证的管理方法。相比于纸质出入证，电子出入证在防伪、减少接触等方面的效果更好。但是，电子出入证只能证明居民的居住地，无法有效实现轨迹跟踪和出行的动态管控。部分单位采用了微信打卡的方式，要求每人每天上报健康状况等信息。也有一些平台推动了行程轨迹查询、患者同乘接触者查询、疫情风险等级查询服务（见图 6-3）。一些地区将各种方式结合在一起，但难免面临需要居民同时出示各种证明的窘境。

图 6-3　行程轨迹查询、患者同乘接触者查询、疫情风险等级查询

相比于其他数字化方式，健康码集多种信息于一体，迅速成为各地效仿的管控方式。继杭州之后，全国各省市纷纷上线自己的健康码，如江西省的"赣通码"、广东省的"粤康码"、江苏省的"苏健码"以及南京的"宁归来"、无锡的"锡康码"、苏州的"苏城码"等。截至 2 月底，全国有近 200 个地市上线健康码。① 2020 年 3 月 10 日，湖北省下发通告，宣布开展健康码发放工作。湖北健康码基于支付宝平台城市服务和鄂汇办 App，结合个人自主申报和政府部门防疫信息自动审核生成红、黄、绿码（见图 6-4）。截止到 3 月底，阿里负责开发的健康码已在 200 个以上城市落地，腾讯的"防疫健康码"也已覆盖

---

① 曾福泉、张留、陆乐：《多地认证，因地制宜赋码"健康码"将在浙江全省推行》，http://zjnews.zjol.com.cn/zjnews/zjxw/202002/t20200214_11667854.shtml，2020-06-15。

近9亿人口，累计亮码人次近16亿。

在很多地区，健康码成为公众在当地各场所畅行无阻的唯一凭据。"北京健康宝"自3月1日正式上线以来，短短两周内全市累计有550多万人查询了1400多万次个人健康状态。"北京健康宝"在企业复工复产、公共场所进出及楼宇管理等方面发挥了积极作用，成为北京市防疫工作的有力工具。餐饮、便利店等生活服务领域利用"北京健康宝"完成复工员工"核证"、引导顾客"查证"，让市民可以安全、放心消费；丰台区西铁营万达广场通过检查顾客"北京健康宝"状态劝返了部分应居家隔离的返京人员，降低了疫情传播风险。①

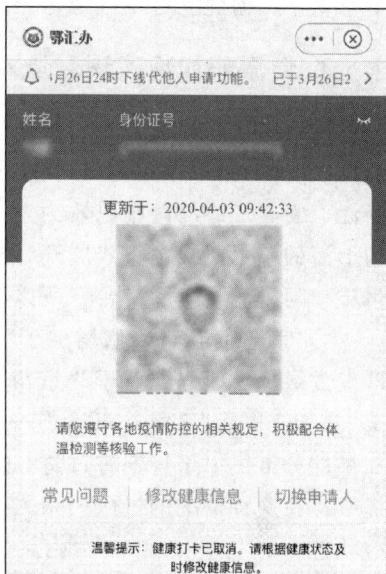

图6-4　湖北鄂汇办App健康码

但是，持码人一旦跨省、跨市，甚至只是跨区流动，健康码就可能失效，即便是绿码也不再是能通行的凭据。其中的原因之一是各地红、黄、绿码判定标准不一致，加之对无症状感染者的认知不足，在"内防反弹"的工作原则下基层的现实选择是不认绿码。3月25日下午，家住湖北省丹江口市的申先生到达贵州省仁怀市，入住该市茅台镇宾馆。次日上午，当地公安和卫生防疫部门在申先生出示湖北健康码绿码且体温正常的情况下，要求他集中隔离观察14天。3月27日，网上有多个视频显示，在江西省九江市长江一桥处，湖北省黄冈市与江西省九江市两地人员发生争执，起因也是通行难。②

在国内疫情已基本得到控制的形势下，需要有序推进复工复产，以尽可能减少经济和民生损失。这就要求在做好疫情防控工作的同时，有效、安全地促进劳动力到岗。由于疫情恰逢春节，要保障劳动力到岗就无法避免大量人员的跨区域流动。问题之一是，人员在省内不同地市间流动时，必须申领相应地区的健康码。但不同地区需要的申报信息不一，申报平台也不同，多次申领费时费力，影响复工效率。问题之二是，对于类似浙江、广东等劳务输入大省，要实现企业复工复产，需要大量的外来务工人员。对于京津冀、长三角、大湾区等一体化发展战略覆盖的地区，复工复产需要各级各类人员流动。但不同省份间健康码不互认，还有部分省份尚未实行健康码制度，人员跨省流动关

---

① 《"北京健康宝"2.0版上线》，http://www.cac.gov.cn/2020-03/21/c_1586365160022242.htm，2020-06-15。

② 《健康码何时实现全国互通互认》，http://www.xinhuanet.com/politics/2020-03/30/c_1125785795.htm，2020-06-15。

卡重重。如何建立起不同地区健康码的互认机制，成为亟待解决的新问题。

3. 健康码如何实现互通互认

为解决这一问题，长三角地区率先发力。2月27日，长三角三省一市（上海、江苏、浙江、安徽）召开视频会议，讨论健康码互认通用的管理机制。随后，上海宣布江苏、浙江、安徽三省的健康码效力与上海"随申码"等同；安徽和浙江签约健康码互认机制，与上海的技术对接也正式展开。[①] 客观来看，长三角三省一市的健康码系统都是基于支付宝、阿里云技术和平台，所以互认的技术难度较低、进展相对较快。

"北京健康宝"2.0版增加了"环京通勤人员使用"的功能，为符合通勤比对规则的人群发放绿色健康码。对于北京市相关部门暂不掌握其疫情状态的进京人群，"北京健康宝"将弹窗提示"系统中暂无您的防疫信息"。按照北京疫情防控措施，新功能上线后，如果部分市民由于近期有过进（返）京且未向社区报到的情况，有可能会收到弹窗提示，提醒存在这种情况的进（返）京人员尽快到所属社区完成报到，即可根据报到情况获得相应状态。

为解决跨地区健康码互认问题，在国务院办公厅电子政务办的指导下，全国一体化政务服务平台研发出全国统一的疫情防控健康码系统，并于2月29日上线。

3月18日，习近平总书记在中共中央政治局常委会会议上围绕健康码省际互认工作提出了明确要求，要求"低风险地区之间的人员和货物流动，必要的健康证明要做到全国互认，不得再设置障碍，不对人员采取隔离措施"。[②] 在这一指示的指导下，各省市相继推动跨省健康码互认工作，国务院办公厅会同有关方面加快升级全国一体化政务服务平台"防疫健康信息码"，借助统一平台完成各地区健康码的对接工作。

3月20日下午，在国务院联防联控机制召开的新闻发布会上，国家卫健委规划司负责人介绍，健康码互认的难点在于各地疫情防控形势和政策不同。现阶段全国低风险县域已占98%，各省份正在加快向全国一体化平台汇聚本地区防疫健康信息目录。

目前，《全国一体化政务服务平台防疫健康信息码接口标准》已制定。全国一体化政务服务平台为健康码省际互认提供了三种方式：一是直接在本地健康码中增加跨地区互认功能，以平台为基础完成地区间数据共享；二是以平台为中介，将各地健康码与平台对接，从而实现地区间健康码的互认；三是尚未上线健康码的地区，可直接采用平台提

---

① 《长三角复工率全国领跑 健康码全覆盖将互认》，http://www.ce.cn/cysc/tech/gd2012/202003/05/t20200305_34405994.shtml，2020-06-15。

② 《中共中央政治局常务委员会召开会议 分析国内外新冠肺炎疫情防控和经济形势 研究部署统筹抓好疫情防控和经济社会发展重点工作 中共中央总书记习近平主持会议》，http://www.xinhuanet.com/politics/2020-03/18/c_1125731925.htm，2020-06-15。

供的健康码，结合本地疫情防护工作，完成地区间的互通互认。①

浙江省新型冠状病毒肺炎疫情防控工作领导小组办公室发布了《关于依托全国一体化政务服务平台加快推进外省"健康码"入浙互认的通知》，积极参与推动健康码全国互认工作。根据该通知，外省来浙人员如未申领来源省的健康码，可直接申请浙江健康码入浙。如已申领来源省的健康码，将通过全国一体化平台共享该人员健康码信息，生成"跨省健康码"，用于省内各类场所的通行，用户只需借助"浙里办"等移动App的"跨省互认健康码"功能便可办理（见图6-5）。"跨省健康码"只有红、绿两色，红码人员将根据具体情况采取送医、集中隔离、居家隔离等管控措施，绿码人员可在浙江省内通行，无须再进行隔离。针对返浙华人华侨、留学生及其他外籍人士的实际情况，浙江省也相应推出国际版健康码。

图6-5 浙江健康码跨省互认界面

杭州不仅是健康码的发源地，在健康码跨省互认上也是走得最前的城市之一。早在全国跨省健康码互认功能上线前，杭州就与上海、江苏、安徽、河南、海南、湖北等多地实现健康码互认。

结束语

健康码的互通互认工作仍在继续推进之中，可以预见的是，"一码在手、出行无忧"，未来可期。然而，红、黄、绿三色健康码的创新实践引发我们对一些现象进行反思。政策执行创新源自一线、源自基层，面对突发公共卫生事件，在推进政策执行中某种创新做法的复制时，如何以最小投入保证实践必需的"全国一盘棋"？的确，大型互联网平台具有技术优势和用户基础。那么，应如何看待突发公共卫生事件场域下，互联网平台在采集、分析、处理、存储居民数据的全生命周期中所扮演的角色？当疫情过去，我们的生产生活恢复常态后，这套健康码系统及其承载的数据资源将何去何从？

---

① 《绝大部分地区"健康码"互认通行》，http://country.people.com.cn/n1/2020/0323/c419842-31644083.html，2020-06-15。

思考题

1. 以何种方式实现健康码省际互通互认为最佳？
2. 如何平衡健康码省际互通互认与个人信息保护？
3. 健康码是否可以发挥"战时防疫、平时治理"的作用？

案例教学使用说明书

课前准备

1. 检索并阅读中央政府及省级政府关于做好"健康码"应用推广工作的政策文件。
2. 体验所在地健康码及全国统一的疫情防控健康码或其衍生应用程序。
3. 检索并阅读与健康码相关的媒体新闻。

教学目标

1. 理解：统一、共享和协同是电子政务发挥治理效能的关键。
2. 掌握：平衡公权力与私权利的冲突是做好电子政务建设中数据采集和数据利用的根本。
3. 反思：常态治理和应急治理中的信息化优势如何相互转化为治理效能？

要点分析

1. "信息孤岛"始终困扰电子政务的建设发展

2016 年 12 月 7 日，国务院常务会议通过了《"十三五"国家信息化规划》。李克强总理强调要坚决打通"信息孤岛"，构建统一高效、互联互通、安全可靠的数据资源体系，打通各部门信息系统，推动信息跨部门、跨层级共享共用。电子政务中的"信息孤岛"现象并非我国独有，任何推行信息化的国家或地区都难免存在这种现象。由于缺乏整体、统一的认识、部署、规划和标准，各地区、各部门在开展电子政务建设时往往采取各自为政的做法，造成系统在功能上不关联，信息无法实现互联互通、互相分享、交换利用，各个系统间无法协同工作，由此造成地区间、部门间的交流障碍。"信息孤岛"的存在难以为行政相对人提供便捷高效的服务，容易导致群众对政府服务产生不满。

要消除信息孤岛，就需要以统一、共享和协同作为工作原则。统一即统一组织领导、统一规划实施、统一标准规范、统一网络平台和统一安全管理；共享即数据共享；

协同即整合各种资源，实现业务协同。①

在推进统一、共享和协同的工作中，实践探索出"自上而下""自下而上""一体化"三种不同的建设模式。"自上而下"的建设是指通过上级政府强力推动，在统一规划、统一标准、统一平台和统一安全的指导下实现"数据大集中"，随后基于这些集中的数据开发不同应用。当然，这种模式如果仅仅依靠行政命令是不可持续的，关键在于要形成有效的数据更新机制。数据集中必然导致安全风险的上升，妥善处理集中与安全的关系也是"自上而下"模式是否可持续的关键。

早在 2002 年，广州市就尝试过"自下而上"的建设。在广州市越秀区六榕街等 10 个街道办开展试点，社区综合应用平台整合各部门下沉到街道的业务系统，基于业务产生的集中诉求，建设"共建共用"的主题数据库。随后，广州市在 60 个街道推广了这种做法，并以越秀区为试点建立区级数据中心，将共享和协同从社区提升到区级，实现区级"数据大集中"。当然，这种自下而上逐级集中的模式建设周期长，需要根据业务和需求的变化来动态调整不同层级需要集中的数据。

"一体化"建设需要通过第三方建设和管理支撑平台实现"数据大集中"，不同部门、不同地区都是平台用户，彼此间通过平台实现信息和应用的互通互认。在这种模式中，如果已运行的第三方平台不唯一，那么难免会遇到第三方平台间如何互通互认的问题。如果这些第三方平台既有市场主体，又有行政主体，问题便会更为复杂。从媒体公开的资料来看，健康码互通互认工作中便遇到了这个难题。

消除"信息孤岛"不仅是技术问题，也不仅是数据集中和信息系统互通互认的问题，它涉及制度、安全、人文，是一个综合治理问题。无论采用何种模式，统一业务标准、技术标准和管理标准都是重要的工作抓手。正如在健康码互通互认的推进工作中，如果地区间用于判定是否发放绿码的业务标准能够保持一致，显然互通互认并不难；当各地已建成的健康码平台并未遵循统一的业务标准时，就需要通过数据交换、平台对接来实现互通互认，技术标准就成为重中之重。在统一的技术标准下，互通互认的效率最高。当然，无论是何种情景，涉及安全等的管理标准都是不可或缺的要件。

2. 数据采集和数据利用的可持续必须平衡公权力与私权利的冲突

数据是信息化建设中沉淀下来的重要战略资源，这种观念已在越来越广的范围内形成共识。因此，数据采集成为当前各方竞争的焦点。当然，数据资源能否在社会治理中彰显价值，关键在于如何利用数据。在新冠肺炎疫情大考中，浙江等地之所以应对得力，其中的一条经验就是充分挖掘数据资源的价值，分区分级精准防控，有序推动复工复产。

---

① 肖微：《我国电子政务"大集中"问题研究综述》，载《电子政务》，2009(11)：59-64。

无须赘言，数据采集和数据利用在处置重大突发公共卫生事件中作用重大。在属地化管理下，采集与疫情相关的个人数据有利于疫情的"早发现、早报告、早隔离、早治疗"，是疫情防控精准施策、遏制疫情蔓延的关键。基于各类数据形成对疫情现状的综合研判，有利于科学决策、精准施策。然而，在新冠肺炎疫情防控过程中却出现了种种怪象。比如，以疫情防控之名过度采集、多头采集公民个人数据；一些公民的个人数据被不当披露；对于行动轨迹数据的分析危及个人隐私；商业平台利用数据牟取暴利等。对于这些问题的分析和解决，本质上均涉及公权力和私权利的平衡问题。常态治理中，公权力和私权利在数据采集和利用中存在冲突，这一冲突在应急治理中更为突出。

对于平衡公权力与私权利问题的讨论，需要在特定场景下结合特定的事实依据，从情、理、法的角度进行具体分析。目前，规制数据采集和数据利用的法律尚处在发展阶段，情与理不仅是法律进化和优化的基础，也成为平衡冲突的依据。这里的"情"表现为社会公众的意志和常识常情，"理"表现为原理、定理、公理和道理。情理作为价值导向和行为遵循具有公共性和实践性，公共性反映了社会大众的认同和接纳，体现了主流价值观；实践性强调的是可以也必须应用到具体情景中。

以个人数据的采集利用为例，常态下，基于大数据技术采集、利用个人数据，通常需要遵循知情同意原则。而在突发公共事件场景下，知情同意原则要让位于"人民生命健康"所要求的数据采集和利用。健康码以真实数据为基础，是公民出行的必备许可证。三色健康码的生成至少需要三个维度的数据：一是空间维度，即根据各县（市、区）累计确诊病例数、本地病例占比、聚集性疫情、连续 3 天无新增确诊病例等指标所确定的疫情风险等级地图；二是轨迹维度，即依据申请人移动电话所检索到的过去 14 天内到过的地区及停留时间；三是人际关系维度，即申请人与重点人员的接触状态。这些数据不仅涉及公民个人隐私，而且涉及相关部门的流行病调查数据。由于支付宝和微信等软件覆盖了庞大的用户群，且具有用户实名制等特性，显然在提供健康码服务中更具有优势。

在数据这一稀缺资源的博弈中，最恶劣的现象就是"比贱竞争"。为了获得优质数据和活跃流量，无所不用其极，做出越位、错位等行为，打现行法律的擦边球，甚至冲破道德底线。因此，提供健康码服务的平台商应平衡企业利益与公共利益，不但要承担经济责任、法律责任，而且要肩负起社会责任和道德责任；公共部门在受益于健康码服务带来的治理效能时，既要防止"搭便车"所造成的"平台悖论"——平台规模和范围越大其互动性越弱，又要防止"钓傻子"的"庞氏骗局"滋生和扩散；公民则需要提高自身信息素养，以最大限度维护个人的数据权利，既要防止企业逐利行为带来的侵权，也要防止行政自由裁量权滥用导致的侵权。

3. 常态治理中的数字化优势可转换为应急治理效能，应急治理积累的数据资源能有效切换到常态治理，这是电子政务助力治理能力和治理体系现代化的现实体现

虽然常态治理追求的是秩序稳定和行政绩效，应急治理追求的是社会成员的生命财产安全，但是有效的应急治理依赖于卓越的常态治理，应急治理反过来会助推常态治理的提升。在智能互联时代，无论是常态治理还是应急治理，二者都面临着高度不确定性。这种不确定性的表现之一是主体边界模糊，国家与社会、政府与公众、公共部门和市场部门间的边界变得越来越模糊。主体角色一旦模糊，一个直接的后果就是现有的权责关系需要重新调整。在权责关系调整中，不同主体为了最大程度实现自己的目标，必然会尽可能占有互联网空间的稀缺资源。这种稀缺资源的博弈，从今天人们的认知来看，一个是优质的数据资源，另一个是活跃的用户流量。这种权责关系调整和资源博弈进一步加剧了不确定性。

在常态治理中，公共部门能否掌握数字化优势；当突发事件来临时，公共部门能否将这种数字化优势转换为应急治理效能；突发事件平息后，应急治理积累的数据资源能否有效切换到常态治理中用于提升数字化优势，是电子政务助力治理能力和治理体系现代化的关键，是公共部门应对智能互联不确定性的看家本领。

在常态治理中，电子政务建设表面上看来是建立系统、开发平台并提供在线服务，本质上要求公共部门通过这些信息化建设提升数字化优势。这种数字化优势不仅体现为优质数据资源和活跃用户流量的积累和保有，而且体现为信息能力和媒体素养的与时俱进。2017年12月8日，习近平总书记在中共中央政治局第二次集体学习中尤其强调了数据能力，"善于获取数据、分析数据、运用数据，是领导干部做好工作的基本功"。对于领导干部如此，对于公共部门更是如此。我们绝不希望再看到新冠肺炎疫情这样的大考，但一定要做好应对大考的充足准备。

当突发事件来临时，公共部门能否将常态中保有的优质数据资源和活跃用户流量转化为应对突发事件的治理工具，关键看其信息能力和媒体素养。在新冠肺炎疫情中，无论是绿、黄、红三色健康码，还是疫情分区分级五色图，都是将常态治理中的数字化优势转换为应急治理效能的最佳实践。

新冠肺炎疫情的确检验出各地区在常态治理中的电子政务建设方面存在的问题。比如，公共部门在常态治理中可开发出一个又一个政务服务小程序，但活跃用户流量表现不佳。当突发事件来临时，只能借助互联网商业平台作为技术支撑。那么，应急治理所积累的数据资源的权属、健康码是否会在疫情结束后继续采集公民轨迹等敏感数据，这一系列问题都是突发事件平息后亟待解决的难题。

扩展阅读文献

[1]韩一丹. 杭州健康码：一场转"危"为"机"的创新实践[J]. 杭州，2020(3)：38-41.

[2]郭俊杰. 加紧推进"健康码"全国互认[N]. 光明日报，2020-03-30.

[3]胡逸. 疫情过后，健康码何去何从[N]. 新华日报，2020-03-06.

案例 7
人工智能时代，电子政务路在何方

案例正文

【摘要】经过 60 余年的发展，人工智能从学术讨论进入政策议程，人工智能时代已经来临。在政务服务领域，诸如"智能化政务服务""人工智能＋政务服务""互联网＋智能公共服务""人工智能＋互联网＋政务服务"等语汇在各类媒体上高频出现，政府网站的智能客服机器人、政务服务大厅的智能机器人开始出现在政务服务的实践场景中。不可否认的是，政府应用新技术具有引领作用。然而，对于电子政务而言，机器人出现在政务服务大厅是否就意味着"智能＋"的实现？行政审批、监管和政务服务在多大程度上可以依赖基于统计建模、机器学习、随机计算的智能系统？机器人是否会取代政务服务的人工岗位？这些问题亟待得到深入的学理探究。

【关键词】人工智能；智慧政务；"智能＋"

引言

作为引领未来的战略性技术，作为新一轮产业变革的核心驱动力，作为影响面很广的颠覆性技术，人工智能正在引发链式突破，推动各领域从数字化、网络化向智能化加速跃升。截至 2018 年 8 月，中国、美国、英国、德国、日本等 20 余个国家将人工智能上升为国家战略。2018 年 10 月 31 日，中共中央政治局就人工智能（Artificial Intelligence，AI）发展现状和趋势举行了第九次集体学习。2019 年 3 月 5 日，"人工智能"第三次出现在政府工作报告中。人工智能时代已经来临。

按照我国《新一代人工智能发展规划》的战略布局，要围绕行政管理、司法管理、城市管理、环境保护等社会治理的热点、难点问题，促进人工智能技术应用，推动社会治理现代化。电子政务领域，政府网站的智能客服机器人、政务服务大厅的智能机器人开始出现在政务服务的实践场景中；"智能化政务服务""人工智能＋政务服务""互联网＋智能公共服务""人工智能＋互联网＋政务服务"等语汇频繁出现在媒体上。人工智能时代，电子政务是否会进入新的发展阶段？电子政务、智慧政务、智能政务这些林林总总的名词之间是否存在差异？这些问题亟待得到深入观察，解决这些问题需要人们去探究已有实践。

1. 新加坡的智慧政务

2006 年，新加坡宣布启动为期 10 年的"智慧国家 2015"（Intelligent Nation 2015，iN2015）发展蓝图，要将新加坡建设成一个信息驱动的智能化国度和全球化都市。

随着 iN2015 计划的提前完成，"智慧国家 2025"（Smart Nation 2025）的 10 年计划接踵而至。"智慧国家 2025"计划的三大优先任务为：一是让年长者可以借助科技在原地养老，并过着独立且充实的生活；二是通过数据分析等方式，改善交通系统和乘客体验，让出行更便利；三是确保数据的流动和交换在安全环境中进行。

在公共医疗方面，新加坡国立大学研发出一套名为 Home-rehab 的家居康复系统，辅助长期患者在家中完成康复训练，患者只需购置可穿戴的动作感应设备，使用相关 App 即可在家中进行康复训练。以此减少患者长途跋涉、舟车劳顿进出医院复诊的次数，更能省去家人陪同接送、排队的时间。与此同时，医院的理疗医师也可以通过 App 监测病人康复的进度。

在公共交通方面①，新加坡巴士公司推出了名为智能路径信息系统（Intelligence Route Information System，IRIS）的巴士实时咨询资料库，市民可以通过网页、手机 App、主要地标巴士站的电子屏幕来查阅公共巴士，了解自己所等待的巴士还有多少分钟才可以进站，方便乘客更有效地安排行程。早在 2008 年，新加坡的运输部门就在城市中心区域——乌节路两旁设置了大型电子显示屏，列出附近的停车场位置及实时可停车数目，以方便车主预先安排行程，决定停车地点。美国有研究显示，高峰时段的道路上可能有高达 30％的车辆其实是在兜圈子寻找停车位。提供实时停车场停车数据，绝对可以有效减少道路拥堵。在新加坡，通过手机 App 查询实时停车场数据能够极大方便公民的出行。

新加坡政府推出了一个一站式安全平台——OneInbox，个人和企业都可以使用该平台获取来自政府各部门的电子邮件。为满足数量众多的智能手机用户群日益增长的需求，新加坡政府开设了 mGov@SG 一站式政府移动服务平台，方便个人和企业搜索、发

---

① 《阿里腾讯要建智慧城市，可以先来看看新加坡的经验》，https://www. sohu. com/a/25690891_114984，2020-07-05。

现和访问能在特定设备上使用的 100 多项移动政务服务。① 平台建设不仅改变了服务的速度和模式，也改变了新加坡政府与公民的合作方式。以前的观念是"我要服务公民"，现在的观念是公民参与进来，政府和公民共同合作。比如，如果小区里有人往楼下扔东西，居民不满意就会投诉。按照以前的观念，解决办法可能是找警察、安装摄像头等，花费几百万新币也不一定能够解决问题。现在，让每一个居民参与进来、共同合作，他们会更容易看到扔东西的人，之后问题就容易解决了。

2. 机器人竞选市长②

2018 年，在东京多摩市市长竞选候选人中，除了现任市长阿部裕行以外，还有另外两个竞争者：高桥俊彦和松田道人。这位松田道人是个如假包换的机器人。

松田道人不仅发出了候选宣传海报，而且开通了候选人官方推特账号。像所有候选人一样，松田道人把选举宣传车开上街头拉票，竞选口号为"为每个人提供公平、均等的机会"（见图 7-1）。这位机器人候选人称，"机器人没有情绪，也没有欲望。处理政务时，既不会夹带私人感情，也不会收受贿赂，可以有效防止腐败行为。同时，机器人不用休息，接上电源后就可以长时间高强度工作，不仅可以提高政府的工作速度，还能节省财政开支。最后，市长需要储存大量的工作信息，相较于人类，机器人的记忆力不会随着年龄增长而退化，可以始终保持大量的信息存储，无论多少信息都可以消化"。这位机器人候选人承诺，一旦当上市长，他将可以改变市民的生活。

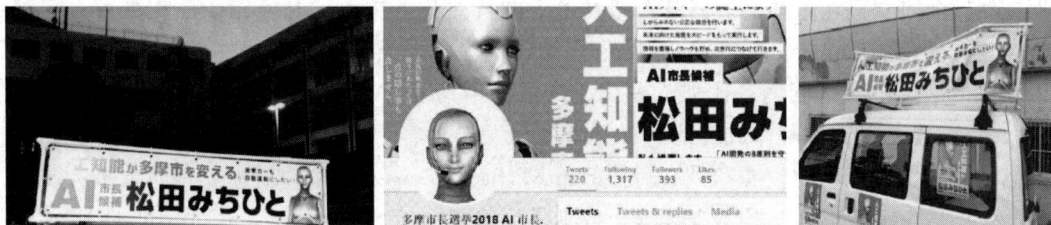

图 7-1 多摩市市长竞选 AI 候选人的竞选宣传

参与竞选的"AI 市长"候选人结果如何？很不幸，他失败了，而且败得很彻底。公投结果显示，"AI 市长"获得的选票数较现任市长阿部裕行相差甚远，大约仅达到了阿部裕行的 1/8。

---

① 《政府服务如何从"被动"转向"主动"？这个花园式国家这样做……》，https://www.sohu.com/a/200513073_224692，2020-07-05。

② 《机器人竞选市长，人工智能公务员是否真的毫无偏见？》，http://www.robot-china.com/news/201805/15/50914.html，2020-07-05。

无独有偶，此前一位来自新西兰的机器人公务员"萨姆"也赚足了眼球。"萨姆"能够回答市民提出的有关住房、教育和移民等问题，而且曾表示："我有无限记忆存储量，所以我永远不会忘记或忽略你对我说的话。与人类政治家不同，在作决定时，我会毫无偏见地考虑每个人的立场。我也会实时反映新西兰人民最关心的问题。"但在新西兰，人工智能目前还不能合法参加大选。

3. 人工智能担任客服

2016 年 6 月，英国恩菲尔德议会在伦敦宣布，购买了名为阿米莉亚（Amelia）的新人工智能程序，用于回答当地居民的提问。

阿米莉亚具有语音识别系统与情感处理系统，具备理解对话环境、分析对话逻辑、学习、解决问题等能力，能够将与顾客对话中的词汇与完备的心理学模型进行匹配，理解顾客的情绪和性格，能在对话中用合适的语言、表情和动作完成应答。如果客户因服务而生气或失望，阿米莉亚能够检测出特定的阈值，将顾客转交给人工服务。相反，当遇到愿意接受阿米莉亚的顾客时，工作人员也可以请它来服务。阿米莉亚的工作成本比人工低 60%，从削减成本的角度来看，对于那些像恩菲尔德议会一样的公共组织，机器人是非常实用的①。

与英国恩菲尔德议会的想法相似的是，澳大利亚联邦政府公众服务部（Department of Human Services，DHS）宣布，他们正致力于开发一个聊天机器人 PIPA②，以"改善政府在线服务，提高用户体验"。PIPA 最初考虑的首要任务之一，是应用于已被数百万名澳大利亚人使用的 Centrelink Express Plus 移动应用程序。通过询问客户想做什么，PIPA 可以帮助他们解决疑难问题。比如，提交在线索赔申请表，或者更新收入，以及其他数据。PIPA 还将尝试将文件翻译成其他语言，或者为发送到客户在线邮箱的信件提供简单的英语翻译。澳大利亚人力资源和数字转型部长 Michael Keenan 表示，"这些功能将会极大改善那些使用数字渠道的客户的服务体验，特别是那些刚刚接触网络世界、需要帮助的人"。

4."人工智能＋机器人"无人审批③

2017 年 10 月 10 日，广州市"人工智能＋机器人"（Artificial Intelligence and

---

① 《英国开始使用人工智能做客服，公务员也要失业的节奏啊》，http://www.leikeji.com/article/6271，2020-07-05。

② 《澳大利亚公众服务部正在构建一款政府在线服务聊天机器人》，https://www.funinusa.net/article-187547-1.html，2020-07-05。

③ 郑杨：《"人工智能＋机器人"无人审批模式首现广州——航天信息技术走进电子政务领域》，http://www.ce.cn/xwzx/gnsz/gdxw/201710/11/t20171011_26494029.shtml，2020-07-05。

Robotics，AIR）全程电子化商事登记系统正式启动。该系统依托于我国的航天信息技术，开辟了国内首创的"人工智能＋机器人"无人审批模式，使商事登记进入了机器人智能审批、刷脸办照的新时代。那么，AIR 是怎样完成整个复杂审批流程的呢？

首先，申请人在"广州市工商行政管理局官方网站"实名注册后，便可进入"全程电子化商事登记系统"页面，填写相关资料信息。由于有全智能化的引导，信息填写非常便利。不清楚公司确切地址？没关系，输入框有智能提示，可以通过后台的标准地址库对申请人填写的地址进行智能监控和判断，以避免有误。经营范围不会填？也没关系，系统会用智能推荐的方式向企业推荐标准经营范围，可以为初次办理的申请人提供很大便利。其次，填好信息后，系统便会生成标准化表单供申请人核对确认，并在系统中发起电子签名。申请人选择"无介质人脸识别"这一全新的智能签名方式后，通过手机"刷脸"识别身份，便可轻松完成签名。最后，进入审核环节，标准化业务仅需2 秒便可接到"审核通过"的短信。通过智能发照机器人自助打印，申请人不到 2 分钟便可拿到营业执照。

AIR 的作用不仅体现在审批过程中，还体现在审批前和审批后。在办理审批前，AIR 能提供智能咨询服务，自动实时回答经办人的提问。审批完成后，AIR 能实现智能化的电子档案存储，并将数据自动推送至公示系统，向社会公示企业信息。

广州市"人工智能＋机器人"全程电子化商事登记系统以大数据和新一代信息技术为支撑，推行"人工智能＋机器人"申报、签名、审核、发照、公示、归档全流程电子化，实现了商事登记"免预约""零见面""全天候""无纸化""高效率"办理。今后，申请人办理全程电子化商事登记业务时，不仅能通过电脑和手机 App，还能利用设置在各政务大厅和银行网点的智能机器人办理。

结束语

关于智慧政务的研究和实践存在两条发展路径。一条路径源自智慧城市建设，另一条源自大数据技术。如今，人工智能扑面而来，关于智能政务的探索在各地如火如荼地展开。在给"2018 世界人工智能大会"的贺信中，习近平总书记指出："新一代人工智能正在全球范围内蓬勃兴起，为经济社会发展注入了新动能，正在深刻改变人们的生产生活方式……中国正致力于实现高质量发展，人工智能发展应用将有力提高经济社会发展智能化水平，有效增强公共服务和城市管理能力。"[①]然而，人工智能是一柄双刃剑。正如霍金（Stephen Hawking）所言，人工智能的崛起既是人类文明的推进者，也可能是人

---

① 《人工智能如何赋能新时代？习近平这样说》，http://www.xinhuanet.com/2018-09/18/c_1123447464.htm，2020-07-05。

类文明的终结者。

思考题

1. 人工智能在电子政务领域存在哪些应用场景？
2. "智能＋"给电子政务的未来发展带来哪些影响？
3. 人工智能在电子政务领域的理性应用需要何种制度安排？

案例教学使用说明书

课前准备

1. 检索并阅读《新一代人工智能发展规划》等近年来由中央人民政府发布的促进人工智能发展的相关政策文件。

2. 在线上政务服务平台或者线下政务服务大厅体验一次由人工智能提供的服务。

3. 检索并阅读由乌镇智库发布的《全球人工智能发展报告》，由清华大学、中国人工智能学会发布的系列《中国人工智能发展报告》，以及由科技部新一代人工智能发展研究中心、中国科学技术发展战略研究院等机构发布的《中国新一代人工智能发展报告》等人工智能领域的报告。

教学目标

1. 理解：经过60余年的发展，人工智能成为最具有颠覆性的技术之一，大众化的人工智能是未来的发展趋势之一。

2. 掌握：场景、计算能力、算法和数据是人工智能应用于电子政务领域的基本要素。

3. 反思：如何平衡人工智能这把"双刃剑"在政务领域中应用的利弊？

要点分析

1. 人工智能的技术发展并非一帆风顺，莫拉维克悖论始终未能解决

说起人工智能的起源，公认的是1956年的达特茅斯会议，因为"人工智能"这一术语的正式提出源自这次会议。事实上，图灵(Alan Turing)是最早对机器智能问题进行系统思考的学者之一。1950年，图灵在其论文《计算机与智能》(*Computing Machinery and Intelligence*)中提出了模仿测试的理念，也就是图灵测试，即如果有超过30%的测试者不能确定被测试者是人还是机器，那么这台机器就通过了测试并被认为具有人类智能。如今，通过图灵测试仍旧是人工智能科学家们追求的目标。在人工智能发展史上里程碑式的著作——《人工科学》（*The Sciences of the Artificial*）一书中，西蒙（Herbert Simon）这样描述人工智能：这个学科研究智能机器，但并不是从工程机器的角度去理解它们，而是将其视为一系列有自己行为模式及生态反应的个体。

经过60余年的起伏，从技术路线来看，人工智能大致可以划分为两个发展阶段，前30年以数理逻辑的表达与推理为主，后30年以概率统计的建模、学习和计算为主。当前的主流范式是"大数据、小任务"（big data for small task），其内在逻辑是标注、训练和应用。标注是准备阶段，其目的是形成可供算法学习或训练的大数据集。无论是人工识别并标记的方式，还是基于传感器或物联网而自动生成的方式，标注将特定的人类知识与语音、图像、视频等可被计算机处理的数字材料联系起来。训练是机器学习算法的自我调整、自我生产阶段。在既定目标（如图像识别算法中的识别准确率）的引导下，算法对标注后的大数据集进行不同方式的处理，最终形成由该大数据集的若干共性特征所组成的规则集。当然，这一规则集的形成以反馈迭代的自动调整为基础。应用是将训练形成的规则集用于不同场景。标注、训练、应用是紧密联系的统一整体，应用过程形成的输出同时可作为新的数据来源，反馈至标注阶段的数据集，并指导训练阶段对规则集的调整。按照这种范式，数据、算法和计算能力便成为人工智能的核心要素。如今，计算机视觉、自然语言理解、认知科学、机器学习、机器人学五大分支融合发展，人工智能的应用呈现出爆发式的发展态势。当然，不需要依赖数据集标注的"小数据、大任务"（small data for big tasks）范式也正在得到越来越多的关注。

随着计算能力的不断提高，人工智能的推广应用更具经济可行性。越来越多的国家将人工智能上升为国家战略，推动其成为一种大众化和无所不在的技术。虽然"人工智能将替代人类工作"的观点每隔一段时间便甚嚣尘上，但是莫拉维克悖论（Moravec's paradox）始终困扰着科学家们。20世纪80年代，莫拉维克（Hans Moravec）、布鲁克斯（Rodney Brooks）和明斯基（Marvin Minsky）等人提出，与传统假设不同，人类所独有的高阶智慧能力只需要非常少的计算能力，例如推理，但无意识的技能和直觉却需要极大的运算能力。正因为莫拉维克悖论尚未解决，所以人工智能尚处于仅擅长单方面的弱人工智能阶段，比如下棋。要发展为在各方面都能与人类比肩的强人工智能（Artificial General Intelligence），以及在几乎所有领域都比人类大脑聪明的超人工智能（Artificial Super Intelligence），尚需时日。

2. 人工智能时代的电子政务关注全服务场景

从应用视角分析，除数据、算法和计算能力之外，讨论人工智能时还需加入一个新元素，这就是场景。人工智能非常有价值，这种价值只有与具体的场景、业务结合时才能体现。实践中，上海市于2018年率先面向全球征集人工智能场景。互联网公开的资料显示，截至 2019 年 6 月，上海、北京、福建、深圳、广州、南京、合肥等地分别在省、市、区以及园区级布局应用场景，其中政务领域成为各地的共同选择。当前，在政府内部办公、在线智能客服、信息搜索、身份认证等政务服务场景中已随处可见人工智能的身影。

服务场景并不是一个新概念，它被定义为"服务业依靠人而建立起来的一种有形环境"。在 21 世纪初的政府门户网站建设实践中，一些地方已经探索了基于场景的在线服务。比如，广州市越秀区曾设置"特色场景"，引导用户在人性化的虚拟服务大厅中办事。在"互联网＋政务服务"的建设实践中，从公众需求的角度出发实现公共服务场景化已成为发展趋势。

人工智能只有作为"附着物"依附于具体的服务场景才能发挥作用。人工智能时代，如何规划全服务场景成为关键性基础问题。所谓全服务场景，是指从总体上解决问题并且可以由数个端到端的用户流程构成的集成场景，这些用户流程可能既包含政务流程，也包含商业流程。以常见的驾照审批业务为例，"互联网＋政务服务"以"我要办驾照"为出发点，建构交管部门政务大厅的服务场景，从而优化政务服务流程，推动跨部门信息共享，建设"一网一门一次"，进而实现"让数据多跑路，让群众少跑腿"的目标。但在本质上，这一服务场景的构建仍旧是基于政务服务供给方。因为如果完全立足于需求方，老百姓的思维是"我要学开车"，而不是"我要办驾照"。围绕"我要学开车"这个问题，整合学车、约考、办证等流程构建出的场景才是真正意义上的全服务场景。

之所以说规划"全服务场景"是政务服务中应用人工智能的关键性基础问题，是因为首先这是人工智能发展到现阶段的技术要求，其次这是政务服务发展到现阶段的用户需求。从技术角度分析，是"任务塑造了智能"，而任务是存在于全服务场景中的。从用户需求的角度分析，行政相对人在互联网商业环境下已经养成了对全服务的认知和期待，要建设人民满意的"智能＋"，显然需要考虑如何搭建全服务场景。当然，在全服务场景中，市场、政府以及社会是公共服务的共同生产者。这样一来，如何界定政府的权责，政府在哪些用户流程中是服务提供者，又在哪些流程中是服务监管者，成为全服务场景设计必须要考虑的问题。更为重要的是，在全服务场景下的用户识别及需求研判、用户访问行为特征分析、精准服务等方面，人工智能具有得天独厚的技术优势。

在政务服务中应用人工智能时，场景的本质不仅是在微观层面上的信息适配以及为受众提供服务，更是在宏观层面上重构社会关系，开启新型关系赋权模式。基于人工智能规划"全服务场景"，需要行政合法性的保障。这包括两重含义，对于服务接收方——百姓而言，是一个对人工智能提供服务的认同问题；对于政务部门而言，是一个使用人工智能提供服务的正当性问题。这种合法性不仅源于规则及对规则的服从，而且源自长期形成的偏好和习惯。当然，正式建构包括机器人在内的政务服务各方利益相关者的责任和义务制度，可以赋予这种合法性。同时，还需要从人民那里取得这种合法性。

3. 审慎乐观地看待人工智能在政务领域中的应用

按照我国《新一代人工智能发展规划》的战略布局，要围绕行政管理、司法管理、城市管理、环境保护等社会治理的热点难点问题，促进人工智能技术应用，推动社会治理现代化。的确，技术创新及创新扩散共同构成了推动人类进步的核心驱动力。然而，如果这一经济逻辑违背了人文与伦理逻辑，不仅不能增进社会福祉，反而会给人类带来灾难。在政务服务中推动人工智能的应用，必须警惕人类的哲学和人文精神可能被技术原教旨主义主导下的数据、智能和技术精英所统治。如果秉承技术至上的观念，那么不仅会加剧并固化官僚制的僵化，与政务服务人性化的诉求背道而驰，也会妨碍行政人员的自主性、积极性以及制度创新。

人工智能带来行政伦理挑战，其中的一个核心问题是机器和人的关系。从历史的视野来看，科技的发展和进步必将带来新的劳动分工，人工智能能够代替人来完成程序性工作和部分非程序性工作。但是，即便解决了合法性问题，是否能保证、如何能保证决策及执行的公平性、可责性、透明性，目前尚且存疑，存在因算法偏差导致算法偏见与算法歧视的可能。比如，老龄化人群或受教育程度较低的弱势群体网络数据相对较少，当人工智能进行预测与服务供给时，很有可能因数据缺失而忽视这部分群体的合理诉求。这种算法间的共谋行为，加之互联网超级平台与应用程序开发者之间"亦敌亦友"的关系，可能导致社会不公现象的恶性循环。按照马克思的观点，机器是人类产业劳动的产物，是转化为人类意志驾驭自然界的器官或者说在自然界实现人类意志的器官的自然物质。反思技术进步背景下人与机器如何分工的问题，机器归根结底是人类意志的执行者。因此，在具体场景中，无论是监管还是服务，仍需人与机器协作完成。

人工智能带来行政安全挑战，其中数据安全问题日益突出，在"大数据、小任务"范式下这一问题尤需引起高度重视。海量数据是人工智能进行学习和决策的源头，在数据的采集和存储、公开与共享、管理和分析、可视化计算等过程中，每一个环节都可能出现安全缺陷。尤其是在生物特征识别、语音识别、视觉识别等应用场景的推广下，人们的日常活动会产生更多样化的身份数据，如人脸图像、指纹、声纹等。因数据误识、误判、误用、失察所导致的数据失控可能诱发数据危机，成为一种新形态的行政安全。数据危机始终伴随着人工智能的应用，当数据危机来敲门时，关键在于我们是否有危机意识，能够在多大程度上防范危机。数据流动性之于信息社会，就如同资本流动性之于工业社会，政府需要做的是在确保数据流动性的同时将风险置于可控范围内。

人工智能带来行政责任的重构。人工智能技术的应用所带来的社会问题和安全问题，究竟应归咎于开发者还是人工智能本身，抑或是应用主体？需要承担责任的是组织还是个人？这些都是需要进一步厘清的问题。

显然，目前已有的法律法规不足以规避行政伦理、行政安全及行政责任等方面的风险，现行制度亟待完善。

扩展阅读文献

[1]何哲. 人工智能时代的社会转型与行政伦理：机器能否管理人？[J]. 电子政务，2017(11)：2-10.

[2]颜佳华，王张华. 人工智能场景下公共行政技术责任审视[J]. 理论探索，2019(3)：88-94.

[3]贾开. 人工智能与算法治理研究[J]. 中国行政管理，2019(1)：17-22.

案例 8
政府信息公开诉讼案件争议焦点：
公开还是不公开

案例正文

【摘要】《中华人民共和国政府信息公开条例》（国务院令 第 711 号）规定：公民、法人或者其他组织认为行政机关在政府信息公开工作中侵犯其合法权益的，可以向上一级行政机关或者政府信息公开工作主管部门投诉、举报，也可以依法申请行政复议或者提起行政诉讼。建立这一内部救济为主、司法救济为辅的制度不仅为落实政府信息公开工作"以公开为原则，以不公开为例外"奠定了制度基础，也为行政相对人依法维权提供了制度保障。然而，实践中出现了种种怪象。比如，决定是否公开的行政自由裁量权被滥用，原本用于保障行政诉讼权的制度导致行政相对人出现权利滥用。如何引导行政相对人将行政复议作为行政诉讼的前置程序，如何保障行政诉讼有效执行，亟待我们做进一步的深入研究。

【关键词】政府信息公开；行政诉讼；以公开为原则

引言

2008 年 5 月 1 日正式实施的《中华人民共和国政府信息公开条例》（以下简称《条例》）规定，"公民、法人或者其他组织认为行政机关在政府信息公开工作中的具体行政行为侵犯其合法权益的，可以依法申请行政复议或者提起行政诉讼"。随后，最高人民法院审判委员会第 1505 次会议通过了《最高人民法院关于审理政府信息公开行政案件若干问题的规定》，自 2011 年 8 月 13 日起施行。2018 年 2 月 7 日，《最高人民法院关于适用〈中华人民共和国行政诉讼法〉的解释》正式施行，对行政诉讼领域的司法解释进行了补充、修改、完善，标志着行政诉讼将与民事诉讼、刑事诉讼并驾齐驱。2019 年修订的《中华人民共和国政府信息公开条例》延续了这一规定，"公民、法人或者其他组织认为行政机关在政府信息公开工作中侵犯其合法权益的，可以向上一级行政机关或者政府信息公开工作主管部门投诉、举报，也可以依法申请行政复议或者提起行政诉讼。"毫无疑问，为确保政府信息公开制度有效实施，这样的制度安排十分必要。实践中，当事人对政府信息公开决定不服时，可以提起复议或者诉讼。但法院是否受理，需要依实际情况而定。

近年来，随着行政相对人知情权意识的觉醒以及维权能力的提高，政府信息公开案件数量呈现连续、快速增长趋势。截至 2020 年 3 月 31 日，在中国裁判文书网（http://wenshu.court.gov.cn）输入"政府信息公开"，显示有 179 096 个结果，某些地区政府信息公开案例占整个行政诉讼的比重不断增大。在政府信息公开工作中，从双方分歧到产生纠纷直至诉诸诉讼的焦点是对于"是否公开"无法达成共识。

1. 一场针对已归档政府信息是否公开的争议①

我国的政府信息公开立法工作，地方先于中央。2004 年 5 月 1 日，《上海市政府信息公开规定》正式实施。同月，D 女士依据《上海市政府信息公开规定》向上海市徐汇区房屋土地管理局提出查阅岳阳路 200 弄 14 号房地产资料的要求，遭到拒绝后向徐汇区法院起诉，要求徐汇区房屋土地管理局提供 1947 年 9 月 1 日至 1968 年 7 月 16 日期间，D 女士的父亲购买上述房地产产权及后被政府接管的相关档案信息。这成为《上海市政府信息公开规定》正式实施后政府信息公开的"第一案"。

原告认为，应以《上海市政府信息公开规定》为准，即"公民、法人或其他组织有权要求政府机关向其提供有关的政府信息"。并且，《中华人民共和国档案法》有关条款规定：国家档案馆保管的档案一般应当自形成之日起满 30 年向社会开放。

被诉方认为，该处房屋原始资料显示土地所有权人为法商中国建业地产公司，登记时间为 1948 年 11 月 5 日，这显然与 D 女士所称其父于 1947 年购买了该房屋的事实有出入，并且 D 女士无法提供其父购房的原始凭证。另外，"30 年时效"之说仅适用于国家各级档案馆保管的档案，而 D 女士要求查阅的信息属于法律法规"另有规定"的情况。根据上海市房产管理局有关规定，各级房管部门保管的房屋业务资料和产业资料属于机关内部档案，不予公开。

---

① 袁玮：《原始资料与原告诉称有出入 董铭状告徐汇房地局要求信息公开案昨开庭》，http://news.sohu.com/20040817/n221581980.shtml；《董铭与上海市住房和城乡建设管理委员会政府信息公开申请答复案》，http://www.pkulaw.cn/case/pfnl_a25051f3312b07f3b661e0ec44f8f360d3fbed315a406f2ebdfb.html? keywords＝％E8％91％A3％E9％93％AD&match＝Exact，2020-07-05。

一审法院驳回了D女士的诉讼请求，D女士随即向上海市第一中级人民法院提起上诉。2005年6月21日，被诉方在二审法庭上提出，上诉人要求查阅的其父名下房屋的房地产权属资料根本不存在。这样一来，就上诉人诉请公开的信息是否应当公开或免于公开，已无进一步审查的必要。

然而，事情到这并没结束。2016年8月8日，D女士向上海市住房和城乡建设管理委员会（以下简称"市住建委"）申请政府信息公开，要求获取"上海市徐汇区岳阳路200弄14号（1948年前是祁齐路×××号）《法文过户契约》"。市住建委于8月24日向D女士出具延期答复告知书，并于9月12日做出申请答复书（以下简称"被诉答复"），告知所申请获取的信息已归档，建议D女士向上海市档案馆咨询。D女士不服，向上海市黄浦区人民法院提起行政诉讼，请求判决确认被诉答复违法。

上海市黄浦区人民法院认为，该案中能够证明涉案政府信息已归档移交至上海市档案馆，被诉答复建议D女士向档案馆咨询并无不当。依照《中华人民共和国行政诉讼法》第六十九条、《最高人民法院关于审理政府信息公开行政案件若干问题的规定》第十二条第（八）项之规定，上海市黄浦区人民法院驳回诉讼请求，案件受理费由D女士负担。

D女士不服，向上海市第三中级人民法院提起上诉。上诉称，被诉答复只告知上诉人要求获取的信息已归档，并没有按照2008年修订的《上海市政府信息公开规定》"行政机关依法向国家档案馆移交的档案涉及政府信息的，应当将该政府信息原属于主动公开、依申请或者不予公开的情况书面告知国家档案馆"履行法定义务，导致上诉人无法获取所需信息。请求撤销原审判决，改判支持其原审诉讼请求。

上海市第三中级人民法院认为，被上诉人审查上诉人的申请后发现，所申请的信息已归档移交至上海市档案馆，遂做出建议上诉人向档案馆咨询的被诉答复，并无不当。此案件涉及的争议是被上诉人是否应当公开上诉人所申请的信息，在相关信息已移交至上海市档案馆的前提下，上诉人以"被上诉人未履行将该信息原属于主动公开、依申请或者不予公开的情况书面告知国家档案馆的义务"为由要求确认被诉答复违法的诉讼请求，法院难以支持。依据《中华人民共和国行政诉讼法》第八十六条、第八十九条第一款第（一）项之规定，判决如下：驳回上诉，维持原判；二审案件受理费人民币50元，由上诉人D女士负担；本判决为终审判决。

2. "调查报告"公开还是不公开①

2002年11月25日，湖南省汝城县建设局撤销了该县自来水公司，并代表该公司与

---

① 《邓柏松等诉汝城县人民政府信息公开法定职责案》，http://www.pkulaw.cn/case/pfnl_a25051f3312b07f3f0fd461363059c34d48f1ac62f0c0080bdfb.html? keywords＝％E9％82％93％E6％9F％8F％E6％9D％BE&match＝Exact，2020-07-05。

郴州市联合工贸有限公司负责人签订了一份合资合同,成立了一家新的公私合营供水企业,完成了汝城县自来水公司企业产权制度改革。D 和 H 是该县原自来水公司的退休职工,对企业产权制度改革存在质疑,认为该县原自来水公司是独立企业法人,该县建设局无权代表原公司签订合资合同。为了查清这次改制中的问题,他们联合其他职工奔走于有关部门之间。群众意见引起了汝城县有关部门的重视,汝城县政府调查组以"汝城县政府经研室"的名义出具了一份调查报告(以下简称"调查报告")。为了解调查结果,D 和 H 等 5 人多次到县政府打听,但都无功而返。

2008 年 5 月 4 日,在《条例》实施后的第一个工作日,D 和 H 等 5 人向汝城县政府递交了《政府信息公开申请书》,请求汝城县政府通过该县电视台或县政府网站公开调查报告。但申请遭到了当场拒绝,理由是该调查报告仅供领导决策参考使用,不属于政府信息主动公开的范围。于是 D 和 H 等 5 人将汝城县政府告上了法庭,然而法院并未正式受理此案。

2008 年 6 月 11 日,汝城县政务公开领导小组办公室向 D 和 H 等 5 人下达了《政府信息公开告知书》,称:经审查,你们要求获取的政府信息不属于《中华人民共和国政府信息公开条例》规定的主动公开范围,但可以通过适当方式向特定申请人公开,可以安排 5 人查阅,也可以提供复制件。但是,D 和 H 等 5 人认为,当初他们向县政府提出"通过县电视台或县政府网站"等方式公开调查报告,不能接受县政府只向他们 5 人公开的处理方式。

由于双方在公开方式上很难达成一致,法院也未正式受理此案,这件事始终僵持不下。2015 年 5 月 1 日,法院正式实施立案登记制。12 月底,D 持诉状来到郴州市中级人民法院要求立案。立案庭工作人员看完相关证据材料后,告知 D 已超过诉讼时效,无法立案。2015 年 12 月 24 日,D 等 3 人(原 5 人中的 2 人已于 2014 年离世)向汝城县现任县长寄送了一份《政府信息公开申请书》。在此之前 D 将同一申请书送到了县长信箱,但均未收到汝城县政府的回复。2016 年 3 月 11 日,D 再次向汝城县县长寄送《政府信息公开申请书》,依旧没有收到回复。2016 年 4 月 19 日上午,D 等再次来到郴州市中级人民法院递交起诉书,请求县政府公开调查报告。

虽然予以立案,但法院认为,争议焦点是县政府是否应对 D 等申请公开的政府信息给予答复。依据《条例》第二十一条、第二十四条第一款和第二款,《中华人民共和国行政诉讼法》第二十五条第一款、第七十二条,《最高人民法院关于适用〈中华人民共和国行政诉讼法〉若干问题的解释》第三条第一款第(一)项,《最高人民法院关于审理政府信息公开行政案件若干问题的规定》第十条之规定,法院于 2016 年 10 月 8 日判决:责令县政府于判决生效之日起 15 个工作日内,对 D 等申请公开的政府信息给予答复。案件受理费 50 元,由县政府负担。

D 等不服，于 2016 年 10 月 24 日向湖南省高级人民法院提出上诉，称：第一，涉案调查报告系县政府在履行法定职责过程中制作的，属于应当主动公开的政府信息；第二，涉案调查报告涉及 D 等的切身利益以及生产、生活的特殊需要，县政府应当依法公开；第三，原判对县政府负责人不出庭应诉且又不委托相关工作人员出庭的情况未进行记载和处理，以及超出诉讼请求范围判令县政府限期给予答复，严重违反法定程序。请求：撤销原判并依法改判支持 D 等的诉讼请求。但是，湖南省高级人民法院审理查明的事实与原审认定的事实一致，认定 D 等的上诉请求不能成立，依法不予支持。原审判决认定事实清楚，适用法律基本正确，虽然直接认定涉案调查报告不属于政府信息的处理不当，但判决结果得当，依法应予维持。依照《中华人民共和国行政诉讼法》第八十九条第一款第(一)项之规定，判决如下：驳回上诉，维持原判。二审案件受理费 50 元，由上诉方负担。

3. 所申请的政府信息是否存在①

2013 年 2 月 19 日，市民 Z 向上海市规划和国土资源管理局申请获取"本市 116 地块项目土地出让金缴款凭证"政府信息。上海市规划和国土资源管理局经至其档案中心以"缴款凭证"为关键词进行手工查找，未找到名为"缴款凭证"的 116 地块土地出让金缴款凭证，遂认定其没有制作过原告申请获取的政府信息，根据《条例》第二十一条第(三)项答复市民 Z，其申请公开的政府信息不存在。市民 Z 不服，向上海市黄浦区人民法提起诉讼，要求撤销该政府信息公开答复。

上海市黄浦区人民法院经审理认为：原告申请公开的相关缴款凭证，应泛指被告收取土地使用权受让人缴纳本市 116 地块国有土地使用权出让金后形成的书面凭证。在日常生活中，这种证明缴纳款项凭证的名称可能为缴款凭证、收据、发票等，并不局限于"缴款凭证"的表述。原告作为普通公民，认为其无法知晓相关缴款凭证的规范名称，仅以缴款凭证描述其申请获取的信息内容的主张具有合理性。与之相对应的是，被告系本市土地行政管理部门，应知晓其收取土地使用权出让金后开具给土地使用权受让人的凭证的规范名称，但在未与原告确认的前提下，擅自认为原告仅要求获取名称为缴款凭证的相关政府信息，并仅以缴款凭证为关键词进行检索，显然检索方式失当，应为未能尽到检索义务。据此所认定的相关政府信息不存在的结论，也属认定事实不清，证据不足。判决撤销被诉政府信息公开答复，责令被告重新做出答复。

---

① 陈剑岚：《张良诉上海市规划和国土资源管理局案》，https://www.chinacourt.org/article/detail/2014/09/id/1437668.shtml，2020-07-05。

结束语

伴随着互联网的广泛普及，申请政府信息公开成为常态，政府信息公开工作的压力也将越来越大。如何让政府信息公开工作满足人民群众的期盼，如何围绕依法不予公开的信息达成最大共识，亟待以担当精神探索工作创新。

思考题

1. 如何处理政府信息公开与保守国家秘密，保护商业秘密、个人隐私，保守工作秘密以及档案管理的关系？
2. 在涉及政府信息公开的行政诉讼中，应该关注政府信息公开的行为还是内容？
3. 在约束政府消极公开行为的同时，如何防止滥用政府信息公开申请权？

案例教学使用说明书

课前准备

1. 检索并研读《中华人民共和国行政诉讼法》《最高人民法院关于适用〈中华人民共和国行政诉讼法〉若干问题的解释》《中华人民共和国政府信息公开条例》(国务院令 第 492号)《中华人民共和国政府信息公开条例》(国务院令 第 711 号)《最高人民法院关于审理政府信息公开行政案件若干问题的规定》。

2. 在有需求的情况下，提出一次政府信息公开申请。

3. 检索并阅读中国裁判文书网(http://wenshu. court. gov. cn)以及北大法宝(http://www. pkulaw. cn)，关注涉及政府信息公开的行政诉讼案例。

教学目标

1. 理解：知情权是政府信息公开制度产生和发展的逻辑基础。
2. 掌握：如何向政府申请信息公开，满足自身需要，维护自身权利。
3. 反思：是否应将行政复议作为行政诉讼的前置程序？

要点分析

1. 政府信息"以公开为常态、以不公开为例外"

政府信息，是指行政机关在履行行政管理职能过程中制作或者获取的，以一定形式记录、保存的信息。政府信息公开是指国家行政机关和法律、法规以及规章授权和委托的组织，在行使国家行政管理职权的过程中，通过法定形式和程序，主动将政府信息向社会公众公开，或依申请向特定的个人或组织公开的制度。信息公开制度产生和发展的逻辑基础在于公民知情权。知情权是公民享有的一项基本权利。广义的"情"是指不被知识产权和其他法规制度限制利用的公共信息，既包括政府信息也涵盖非政府信息。狭义的"情"是指政府信息。

作为《世界人权宣言》《公民权利和政治权利国际公约》的缔约国之一，我国一直高度关注公民知情权。《中华人民共和国宪法》规定，国家的一切权力属于人民，人民依法通过各种途径和形式管理国家事务、经济文化事务、社会事务，一切国家机关及国家机关工作人员必须倾听人民的意见和建议，接受人民的监督，努力为人民服务。广大公民还拥有批评、建议、申诉、控告、检举等权利，同时，公民还享有言论出版、集会、结社、游行、示威的自由。党的十六届六中全会通过的《中共中央关于构建社会主义和谐社会若干重大问题的决定》提出，"依法保障公民的知情权、参与权、表达权、监督权"。2007年4月5日，《中华人民共和国政府信息公开条例》以国务院令的形式公布。经过10余年的政府信息公开实践，2019年4月3日，国务院令第711号修订了这部《条例》，明确提出了坚持"以公开为常态、不公开为例外"的工作原则。

2019版《条例》明确了各级行政机关应主动公开的政府信息具体内容，并要求不断增加主动公开内容；对于依申请公开的政府信息，明确了一套由依申请公开向主动公开转化的机制，即"多个申请人就相同政府信息向同一行政机关提出公开申请，且该政府信息属于可以公开的，行政机关可以纳入主动公开的范围。对行政机关依申请公开的政府信息，申请人认为涉及公众利益调整、需要公众广泛知晓或者需要公众参与决策的，可以建议行政机关将该信息纳入主动公开的范围。行政机关经审核认为属于主动公开范围的，应当及时主动公开"。对于不予公开的信息，明确了政府信息管理的动态调整机制，"对本行政机关不予公开的政府信息进行定期评估审查，对因情势变化可以公开的政府信息应当公开"。上述所有规定都为落实"以公开为常态、不公开为例外"的工作原则提供了制度保障。

因行政工作长期处在保密思维和保密文化之下，落实"以公开为常态、不公开为例外"的工作原则，重要的是转变行政理念和行政文化，但这并非一朝一夕间可以完成。信息公开制度是为了保障公民知情权，防止政府机关以保密为由滥用职权、滋生腐败，其理念是"以不公开为特例"。保密制度则是从维护国家安全和国家利益的角度出发，防止特定信息扩散，其理念是"以不公开为原则"。过去，我们重点强调保密，倾向于不公开，且只有保密义务，而没有公开义务。公民依申请公开意识的觉醒及其行动，能发挥推动行政理念和行政文化由保密向公开转变的积极作用。从保密到公开，必须实现观念和文化的转变，做到保密与公开的平衡。

2. 妥善处理《中华人民共和国政府信息公开条例》与相关法律法规的关系

作为一部重要的行政法规，《中华人民共和国政府信息公开条例》在实施过程中，需要处理好与相关法律制度之间的关系，主要涉及其与国家秘密、商业秘密、个人隐私、工作秘密以及档案相关法律法规的关系。

2019版《条例》规定，不予公开的政府信息包括：依法确定为国家秘密的政府信息，法律、行政法规禁止公开的政府信息，以及公开后可能危及国家安全、公共安全、经济安全、社会稳定的政府信息。我国现行的保密制度是以全国人大常委会1988年9月5日颁布的《中华人民共和国保密法》及之后国务院颁布的《中华人民共和国保密法实施办法》为核心而确立的。在具体工作中，可以通过信息公开审查机制来处理国家秘密事项。一种方式是采取串行处理，即把定密作为公开的前置程序，先对政府信息进行定密。凡确定为国家秘密的信息，一律不予公开。另一种方式是采取并行处理，即在对信息进行公开审查的同时实施保密审查。这两种处理办法并不矛盾，第一种办法效率高，保密和公开两项制度关系简单，适用于处理主动公开的信息。第二种办法稳妥，需要汇集保密与公开两方面的人员，操作上更复杂一些，适用于处理依申请公开的信息，特别是敏感信息。当然，实践中，行政相对人可能遭遇政府机关举起"有关信息属于国家秘密"的挡箭牌。关于该项政府信息是否属于国家秘密，法院的认定和判决仍然要以政府机关的设定为准，行政相对人由此可能遭遇无从改变政府机关拒绝信息公开的窘境。保密与公开将是一对永恒的矛盾，需要保密审查和公开审查两种机制协同运行。

2019版《条例》规定，对于商业秘密和个人隐私首先应给予公开豁免，但这并不是绝对的。一种例外的情况是由政府机关书面征求相关第三方的意见，若第三方同意公开则予以公开。另一种情况是由政府机关书面征求相关第三方的意见，若第三方不同意公开但行政机关认为不公开可能对公共利益造成重大影响的，可以决定予以公开。当然，在这种情况下，需要将决定公开的政府信息内容和理由书面告知第三方。对于后一种情况，如果第三方仍然有异议，可以通过行政复议甚至行政诉讼维护自己的权益。

工作秘密是指工作中不属于国家秘密、不标注密级，但不宜对外公开的事项。工作秘密是行政管理中的常用概念，《中华人民共和国公务员法》对公务员保守工作秘密的义务作出了规定。关于工作秘密的设置是否合理，认识很不统一，特别是工作秘密的认定既无标准也无程序，可以用来涵盖政府机关所有不愿公开的信息。因此，在信息公开时，排除国家秘密、商业秘密和个人信息很容易达成共识，但对工作秘密的意见分歧很大。2019版《条例》明确指出，"行政机关的内部事务信息，包括人事管理、后勤管理、内部工作流程等方面的信息，可以不予公开。行政机关在履行行政管理职能过程中形成的讨论记录、过程稿、磋商信函、请示报告等过程性信息以及行政执法案卷信息，可以不予公开。法律、法规、规章规定上述信息应当公开的，从其规定"。

我国的档案管理制度确立于 1987 年，主要依据是《中华人民共和国档案法》（以下简称《档案法》）及其实施办法。一种信息即便不属于国家秘密、商业秘密、个人信息等例外信息，只要移交给档案部门作为档案来管理，其适用的法律就会发生改变，由适用《政府信息公开条例》转变为适用《档案法》。在公开期限上，也存在一定差别。尽管 2016 年修订的《档案法》对档案的利用和公布作出了明确规定，要求档案馆定期公布开放档案的目录，并为档案的利用创造条件，简化手续，提供方便。但是，中华人民共和国公民和组织只能利用已开放的档案。

融媒体时代，互联网已成为传媒议程、公共议程和政策议程间相互转化的一种有效机制。政府信息公开理应成为引导公民参与的风向标，走向以政策议程为基础的政府信息公开。这有利于把信息公开制度真正建设为我国各级政府施政的基本制度，使政府工作更加透明，政府与群众的沟通更加畅通，人民群众的知情权切实得到保障。

3. 防止行政部门信息公开自由裁量权和行政相对人信息公开申请权的滥用

在"以公开为常态、不公开为例外"工作原则的指导下，尽管主动公开是政府信息公开的主渠道，但依申请公开仍旧是政府信息公开制度的重心。依申请公开不仅是政民互动的体现，对于公众也更具有针对性。同时，从完善政府信息公开制度的视角看，依申请公开能够发挥倒逼效应。在依申请公开过程中，公众是否能所得即所需，取决于行政机构如何行使信息公开的自由裁量权。按照 2019 版《条例》规定，对于政府信息公开申请，行政机关可以决定不予公开，并告知申请人不予公开的理由。实践中，这便成为行政诉讼或是行政相对人反复申请的诱因。

政府信息公开工作需要赋予行政部门自由裁量权，只有这样，才能更有针对性地满足行政相对人的诉求，也能够限制行政相对人享受不应得的权利，甚至在最极端的情况下惩罚不遵守规则的人。但是，这种权力有可能会被滥用。在依申请公开政府信息的实践中有两种具体情形，一种是本应公开的信息不予公开，另一种是本不应公开的信息被公开，前一种情况较容易引发行政诉讼。为防止权力滥用，需要控制行政部门的信息公开自由裁量权，主要方式包括立法控制、行政控制、司法审查和伦理控制。在 2019 版《条例》中，赋予政府信息公开工作主管部门、上一级行政机关行政控制的权力。对自由裁量权的控制达成共识后，控制程度成为有争议的命题。反对方的观点为，过于严格的控制会带来结果的不公。也有观点认为，建立一套裁量基准体系以及约束制度，可以规范行政自由裁量权的行使。不过，行政自由裁量基准在技术实现上可能会带来执行僵化以及合法性等问题。每年国务院办公厅及各级政府印发的当年度政务公开工作要点，可以被视为裁量基准的参照系。

通常情况下，如果公众依申请公开的诉求得到满足，或虽未得到满足但行政机构能就不予公开的理由进行妥善沟通，滥用申请权的情况并不多见。因此，防止行政相对人滥用信息公开申请权，首先应切实执行"以公开为常态、不公开为例外"的工作原则，其次要提高行政机构在处理依申请公开工作中的回应性。一是提高内部回应性。当行政相对人申请公开的信息涉及多部门时，高内部回应性显然更有利于多部门间协调一致。二是提高外部回应性。这有利于营造一个"充满活力和积极向上"的政治秩序，并且能提高政府公信力。这样一来，行政相对人与行政机构间可以形成一种良性互动，能够在很大程度上避免行政相对人信息公开申请权的滥用情况。

回应性是一个动态过程，这个过程体现为有参与意识和参与能力的公民或社会组织通过一定的参与途径向行政机构表达诉求，不能为了防止行政相对人滥用信息公开申请权，而选择回避改善公民的知情意识，提高公民的信息素养。只有在行政相对人参与意识和参与能力不断提高的情况下，才能为行政机构不断改善回应性提供压力和动力。

扩展阅读文献

[1]周汉华. 打造升级版政务公开制度——论《政府信息公开条例》修改的基本定位[J]. 行政法学研究，2016(3)：3-13＋144.

[2]后向东. 论我国政府信息公开制度变革中的若干重大关系[J]. 中国行政管理，2017(7)：10-17.

[3]王锡锌. 政府信息公开制度十年：迈向治理导向的公开[J]. 中国行政管理，2018(5)：17-22.

案例 9
美国联邦政府数据开放
门户建设的喜与忧

案例正文

【摘要】政府数据开放就是政府向社会公布自己所拥有的、经过脱敏的数据，包括天气数据、GPS(Global Positioning System)数据、金融数据、教育数据、交通数据、能源数据、医疗数据、政府投资数据、农业数据等。当前，政府数据开放门户已成为政府推进数据开放的窗口。然而，建设政府数据开放门户面临数据从哪里来、如何保证数据质量、如何确保数据脱敏等一系列问题。尽管政府数据开放能带来经济价值、社会价值和政治价值，但如果解决不好上述问题，政府数据开放将陷入窘境。

【关键词】政府数据开放；数据开放门户；数据质量；数据保护

引言

《2014 年联合国电子政务调查报告：电子政务成就我们希望的未来》(United Nations E-Government Survey 2014：E-Government for the Future We Want)中，专辟一章讨论政府数据开放(open government data)。报告显示，尽管大部分联合国成员国都提供各领域的数据，但只有 46 个国家建立了政府数据门户。其中，欧洲 19 个、亚洲 13 个、北美洲 8 个、非洲 4 个、大洋洲 2 个。与欧洲 44% 的数据门户普及率相比，非洲普及率仅为 7.4%，其 4 个已开通政府数据门户的国家分别为肯尼亚、突尼斯、摩洛哥和加纳。绝大部分(约 85%)已开通政府数据门户的国家属于高收入或中上收入国家，肯尼亚是唯一的低收入国家，中低收入国家还包括印度、斯里兰卡、摩洛哥、摩尔多瓦共和国、加纳、印度尼西亚。《2016 年联合国电子政务调查报告：电子政务促进可持续发展》(United

Nations E-Government Survey 2016：E-Government in Support of Sustainable Development)显示，情况有明显改善，106 个国家建立了政府数据门户。如今，数据开放已成为电子政务建设的应有之义。

2009 年 3 月 5 日，时任美国总统奥巴马(Barack Hussein Obama)任命维维克·昆德拉(Vivek Kundra)为联邦政府首席信息官(Chief Information Officer，CIO)，这是美国联邦政府的第一位 CIO。2009 年 5 月 21 日，昆德拉推出美国联邦政府数据门户网站(http：//www. data. gov)，承诺"除了隐私和涉及国家安全之外的所有数据都将向公众开放"。但是，昆德拉在 2011 年 8 月卸任时留给其继任者一项艰巨的任务，即对联邦机构数据中心进行大规模整合，使整个联邦数据中心的数量由 2 094 个缩减为 800 个。事实上，截至 2012 年年底，美国联邦政府数据门户仅集成了涉及农业、商业、气候、生态、教育、能源、金融、卫生、科研等主题领域的 13 个数据集。政府开放数据理念普及难，政府开放数据平台建设更难。

1. 美国联邦政府数据开放门户建设的坎坷之路

实际上，奥巴马在他首个白宫工作日(2009 年 1 月 29 日)就签署了《透明与公开政府备忘录》(Presidential Memorandum on "Transparency and Open Government")，明确了政府工作中的三大原则，即透明、共享与协作。2009 年 12 月，美国总统执行办公室通过签署命令的方式限时要求政府部门以常用格式在数据门户上开放数据；要求各部门指定专人负责数据质量、客观性与内部控制，同时要求建立政府开放数据的质量规范，并定期报告数据质量；要求各部门发布数据开放计划，建立政府开放工作的评估指标，建立论坛以共享数据开放经验，建立竞赛、奖项等创新激励机制。但是，联邦政府数据门户的建设仍举步维艰，各部门开放数据的意愿并不强烈。

2013 年 5 月 9 日，奥巴马签署《执行令——将信息开放与可机读作为默认政府工作》(Executive Order 13642 "Making Open and Machine Readable the New Default for Government Information")，在以往数据公开政策的基础上，进一步强调政府部门应将数据作为资产进行管理；确保以多种方式公开发布数据，让数据易于发现、获取和利用；政府部门应当保护个人隐私、确保国家安全。2013 年 6 月，奥巴马与七国集团其他国家领导人共同对数据开放章程进行背书，美国承诺公布政府数据开放的方案和具体做法，便于其他国家参考。在上述工作的基础上，2014 年 5 月 9 日，美国发布《美国开放数据行动计划》(U. S. Open Data Action Plan)，总结了现有框架，公布了多个联邦部门正在进行的数据项目，这些部门包括国家海洋和大气管理局、人口普查局、国家航空航天局、内务部、劳工部、国内税务局、卫生和人类服务部、退伍军人部、国防部、医疗保险和医疗补助中心及能源局。2014 年美国国会参众两院通过《数字化问责制和透明度法案》(Digital Accountability and Transparency Act，DATA)，旨在将联邦信息从混乱的文件转变成标准化、结构化的，公民、企业、社会组织和政策制定者可以获得的开放数据。2015年，白宫聘请了首位美国首席数据科学家，包括商务部在内的多个部门也设立了数据官和数据专家的岗位。

经过一系列的制度建设和政策推动，截至2017年，美国联邦政府农业领域的数据集增加到561个、气象领域增加到616个、消费者领域增加到128个、生态领域增加到127个、教育领域增加到365个、能源领域增加到249个、财经领域增加到128个、健康领域增加到1 943个、地方政府领域增加到16 625个、制造业领域增加到38个、海事领域增加到36个、海洋领域增加到110个、公共安全领域增加到75个、科学研究领域增加到33个等。同时，联邦政府数据门户从2013年起进一步加强了网站可视化和导航，以及其他能够帮助公众更好定位和理解相关数据的工具，并为开发者提供了各种API接口。

2. 美国联邦政府数据门户概览

美国联邦政府数据门户(见图9-1)设有数据(data)、主题(topics)、影响(impact)、应用程序(applications)、开发者(developers)、联系(contact)6个板块，提供数据检索、数据利用、用户互动3项功能。

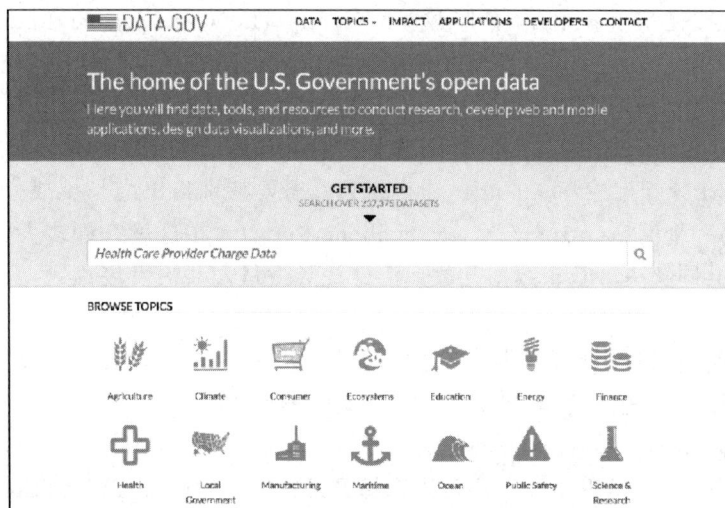

图 9-1　美国联邦政府数据门户首页(2019.8.31)

网站提供了两种检索方式，一种是在首页的搜索框中直接检索；另一种是根据数据分类检索，门户网站提供多种数据分类方式，包括主题分类(topic categories)、地理数据和非地理数据的数据集类型分类(data types)，标签分类(tags)，HTML、XML、PDF、ZIP、TIFF、CSV、WMS 等 48 种格式分类(formats)，数据所属组织，发布者、数据集管理者的组织类型(organization types)等。此外，用户也可以利用位置过滤数据集完成检索，利用门户网站提供的电子地图来定位与某位置相关的数据集。

数据开放在政府，数据利用在社会。开放利用数据集的最大好处是激活了公众的创新意愿，各种应用软件呈现井喷式发展。这些软件涵盖生活所需的各种细节，包括找工作、找干净的厕所、收养流浪猫狗等。正如网站在 impact 板块中阐述的那样：开放政府数据是重要的，因为更易获取、更易发现、更有用的政府开放数据带来了很多影响，这些影响包括但不限于：节约成本，提高效率，为商业提供"燃料"，改善公众服务，提高公众参与的民主对话，等等。

Applications 板块提供了各类基于政府数据开发的应用，如 AIRNow。该应用基于美国环境保护署的空气质量系统(U. S. Environmental Protection Agency - Air Quality System)提供的数据，可以根据地理位置提供实时的空气质量报告。再如，City-data 提供了美国所有城市的详细资料，包括人口犯罪率、天气、家庭价值观、生活成本等，还包括一个美国最大的当地论坛和每个州的一般性论坛，这是基于美国社区调查(American Community Survey)、劳工统计局(Bureau of Labor Statistics)、国家气象局(National Weather Service)、美国人口普查 TIGER 数据库(US Census TIGER Database)、联邦住房金融机构抵押数据(Federal Housing Finance Agency Mortgage Data)开发的应用。为方便用户查询并下载这些应用，网站提供了检索功能以及功能简介，在下载地址中还附有用户评论。

Developers 板块直接服务于数据利用方，下设开源(open source)、数据采集(data harvesting)、APIs 和挑战(challenges)4 个栏目。需要特别指出的是挑战栏目，点击"挑战"直接指向另一个网站(https://www. challenge. gov)，在这里有许多大大小小的治理难题期待公民共同解决。基于数据开放，汇聚社会力量，共治发展难题，在这里得到完美体现。

用户互动是美国联邦政府数据门户的一大特色。按理来说，数据开放门户重在数据检索和数据利用。但是，美国联邦数据门户专门开设了 contact 板块，下设问询(ask a question)、请求(make a request)和问题报告(report a problem)3 个栏目，力求在政府与公民的互动中促进政府数据开放。用户可以选择通过社区、@门户 TWITTER(usadatagov)、发送邮件或直接在网站留言 4 种方式进行提问，也可以浏览其他用户提出的问题，网站会公布用户的提问以及回复情况和处理结果。此外，用户可以申请获取门户网站尚未开放的数据集，也可以上报门户网站问题或数据集问题。

为更好地回应公众、企业等对数据开放的需求，美国联邦政府数据门户现已改版。

不再开设影响（impact）、应用程序（applications）板块，而改为资源（resources）和策略（strategy）板块，更贴近公众的使用要求。

3. 政府数据开放门户建设的隐忧

在美国，州政府、县（市）政府也建立了数据开放门户。此外，还有一些专注于某领域的数据开放门户，包括：建立于2007年12月，主要用于披露政府支出的网站（usaspending. gov）；建立于2009年2月，主要用于追踪2009年以来美国经济刺激计划资金使用情况数据的网站（recovery. gov），但该网站现已下线；建立于2009年6月，主要用于监督美国政府投资的IT项目数据的网站（itdashboard. gov）；向公众提供美国政府在减少浪费、精简政府组织、提升政府效率方面的目标及工作现状数据的网站（performance. gov）；以及通过征集公众签名的方式洞察及反馈社会问题的民意征集网站（We The People）；等等。

政府数据开放在带来价值的同时，也使政府部门面临着一些风险。比如，数据质量问题、数据安全问题，以及数据利用给社会带来公共价值损失而非福祉的可能。以安全为例，美国参议院国土安全和政府事务委员会（Committee on Homeland Security and Governmental Affairs，U. S. Senate）2019年发布的《联邦网络安全：美国的数据风险》（Federal Cybersecurity：America's Data At Risk）称，美国国务院、交通部、住房和城市发展部、教育部、社会保障管理局没有妥善保护个人身份信息，国务院、交通部、住房和城市发展部、卫生与公共服务部、社会保障管理局没有维护好信息技术资产清单。该委员会认为，在过去10年间，美国人的个人数据存在较大风险。

结束语

2015年，中华人民共和国国务院发布《促进大数据发展行动纲要》（国发〔2015〕50号），提出要推动政府部门数据共享和公共部门数据资源开放，要求"2018年年底前建成国家政府数据统一开放平台，率先在信用、交通、医疗、卫生、就业、社保、地理、文化、教育、科技、资源、农业、环境、安监、金融、质量、统计、气象、海洋、企业登记监管等重要领域实现公共数据资源合理适度向社会开放"。

2017年5月，复旦大学数字与移动治理实验室首次公布《中国地方政府数据开放平台报告》。报告显示，我国地方政府层面的数据开放平台已增加到19个。[①] 行业方面，2013年7月，中国裁判文书网正式上线。截至2018年11月，中国裁判文书网的访问量

---

① 《中国地方政府数据开放平台报告（2017上半年）》，http://ifopendata. fudan. edu. cn/report，2020-07-05。

已突破 200 亿次，裁判文书总量突破 5 500 万份。① 中国裁判文书网是对法院数据的典型应用，公开的裁判文书不仅为学者提供了海量研究资料，同时也为民众查询相关资料提供了便利的渠道。在商业领域，天眼查实现了对政府公开信息的搜集和处理，现已收录全国超过 1.8 亿家社会实体的信息，包含企业、学校、律所等主体。② 天眼查创始人柳超认为，通过分析和利用国家数据，天眼查能够帮助企业和个人实现"公平看清世界"。③

2018 年 1 月，中央网信办、国家发展改革委、工业和信息化部联合印发《公共信息资源开放试点工作方案》，确定在北京、上海、浙江、福建、贵州五省市开展公共信息资源开放试点，要求试点省市结合实际制订具体实施方案，明确试点范围，细化任务措施，积极认真有序开展相关工作，着力提高开放数据质量，促进社会化利用，探索建立制度规范，并于 2018 年年底前完成各项试点任务。截至 2019 年上半年，已有 82 个省级、副省级和地级政府上线数据开放平台，我国政府的"数据开放之林"渐成"枝繁叶茂"之势。④ 然而，如何平衡数据开放与数据利用，如何明晰数据权属，如何保护好数据安全，如何建立起完善的数据开放平台和开放体系，这些都是有待理论和实践探索的关键问题。

思考题

1. 政府数据开放门户的定位是什么？
2. 数据开放门户建设是否需要与政府行政层级保持基本一致？
3. 政府数据开放门户建设需要什么样的制度保障？

---

① 《中国裁判文书网总访问量突破两百亿次》，http://www.chinanews.com/gn/2018/11-13/8676186.shtml，2020-07-05。

② 王海亮：《天眼查获央行企业征信业务经营备案》，http://www.bjnews.com.cn/feature/2019/05/101577257.html，2020-07-05。

③ 王海亮：《柳超 用公开数据公平看清世界》，http://www.bjnews.com.cn/net/2019/04/29/573663.html，2020-07-05。

④ 复旦大学移动与移动治理实验室于 2019 年 5 月发表的《中国地方政府数据开放报告(2019 上半年)》，http://ifopendata.fudan.edu.cn/report，2020-07-05。

案例教学使用说明书

课前准备

1. 检索并研读八国集团(G8)《开放数据宪章》(Open Data Charter)、《英国数据能力发展战略规划》(Seizing the data opportunity：a strategy for UK data capability)、《促进大数据发展行动纲要》，以及北京、上海、贵州等地方政府推动政府数据开放的规划和政策。

2. 访问并体验政府数据开放门户。

3. 检索并阅读万维网基金会(World Wide Web Foundation)发布的《开放数据晴雨表》(Open Data Barometer)系列报告，以及复旦大学数字与移动治理实验室发布的《中国地方政府数据开放平台报告》。

教学目标

1. 理解：数据流动性之于信息社会的意义与资本流动性之于工业社会一样。

2. 掌握：建设、运行、维护政府数据开放门户的方法。

3. 反思：政府如何践行"数据开放在政府，数据利用在社会"？

要点分析

1. 政府数据开放门户的建设、运行、维护不仅是技术问题，而且是行政问题

从2009年美国政府提出"开放政府计划"并建设政府数据开放门户开始，全球越来越多的国家开始布局政府数据开放战略，推进政府数据开放门户建设。在我国，围绕政府数据开放门户的建设，地方先于中央。《中国地方政府数据开放报告2019》显示，截至2019年上半年，共计82个地方政府上线了政府数据开放门户。其中，13个为省级行政区，10个为副省级城市，59个为地级城市。全国开放数据集总量呈现出爆发式增长，一年内增长近20倍。但是，仅有约四成开放了优质数据集，优质应用程序接口(Application Programming Interface，API)仍屈指可数；数据调用难度较高，可调取到的数据容量小，更新频率低；近四成缺少专门的数据开放协议，仅16%在授权协议中明确了用户免费获取、不受歧视、自由利用、自由传播和分享数据的权利；仅在3.7%的平台上发现少量的有效服务应用；仅有不到两成的平台提供了开放数据目录；超过三成的平台注册账户较为烦琐，且要求用户提供较多个人信息。总体来看，政府数据开放门户陷入"更新慢、利用难"的窘境。

政府数据开放门户不应为了建设而建设，最终需要通过社会利用数据来体现其价值。只有"政府开放、社会利用"形成良性循环，政府数据价值才能够被释放，社会公众才会受益。在这个循环中，政府数据开放门户必须致力于降低社会利用的交易成本，数据服务需要满足开放政府工作组（Open Government Working Group）提出的数据获取和使用原则：完整，所有公共数据是可获得的（涉及隐私、安全和特别限制的数据除外）；一手，数据是从源头采集到的，而非经过整合或修改；及时，以尽可能快的速度发布数据，保证数据的价值；可获得，数据是可获得的，并尽可能扩大用户范围和用途种类；可机器处理，数据拥有合理的结构，允许机器自动处理；非歧视，数据对所有人都可用，无登记要求；非私人，无任何实体有排除他人使用的权力；无须授权，数据不受版权、专利、商标或贸易保密规则的约束（涉及隐私、安全和特别限制的除外）。要实现这些原则要求，需要技术和行政的双重努力。

是否有针对数据开放的技术标准？API接口的质量如何？数据集是否有明确的标识？数据更新频率如何？基于数据的有效服务应用接受度如何？对于这些问题的解答主要靠技术，但也离不开领导重视、政策规章引领、组织保障、预算支持和人才队伍建设。党政领导是否在各种公开场合倡导政府数据开放？是否组建了专门机构负责政府数据治理？是否出台了针对数据开放的地方性法规、地方性规章或者规范性文件？是否有针对政府数据开放的工作计划？是否编制了政府数据开放目录？是否有推动社会利用数据的激励措施和优惠政策？是否将数据开放及利用纳入绩效预算管理？这些问题需要制度保障，依赖于深化改革。

2014年12月，广东省大数据管理局以广东省经信委内设机构的形式出现。2015年，贵州、浙江、内蒙古、重庆等省、区、市相继加入"先行先试"的行列。2018年，在深化党和国家机构改革中，越来越多的地区组建了政府数据管理机构。公共数据资源开放成为此类机构的职能之一，但这是否意味着需要在该机构所属的行政层级建设数据开放门户，是一个值得商榷的问题。站在用户的视角看，数据开放门户的数量越少越好，最理想的状态是通过一个入口便能获取全部所需数据。站在政府的视角看，数据开放门户的数量越少意味着统筹协调数据的难度越大，数据安全风险越高。所以，究竟应将数据开放门户建设在哪一行政层级，是一门实践的艺术。

2. 数据质量、数据脱敏是数据开放的关键

对于数据核心价值的挖掘和利用显然以数据质量为基础。数据质量是一个多维度的概念，尤其是大数据。数据质量与特定环境及给定语境相关，与主体感受和价值感知相关。因此，可以从不同角度定义数据质量，这包括：数据质量是模式层和实例层满足一致性、正确性、完整性和最小性的程度，数据质量是数据适合使用的程度，数据质量是数据满足特定用户期望的程度。考察当前已开放的政府数据集，数据质量是一个需要引起足够重视的话题，单数据源出现的问题在多数据源情况下会更为突出。

数据在其生命周期中的每一个环节都可能出现质量问题，提高数据质量需要具备全生命周期管理的理念，对每个阶段、每个环节的数据质量进行跟踪、检测和控制。其中，质量评价和数据清洗是核心操作。有关质量评价的研究，无论是模型还是指标方法，在理论上都尚未达成一致。实践探索多集中在公众关切、数据价值影响大的领域，如金融、健康医学、能源等。数据清洗（data cleaning）又称数据清理（data cleansing）或数据净化（data scrubbing），即消除数据质量问题、改善数据质量的一系列活动。与质量评价一样，数据清洗也需要针对具体领域，如果领域间相关性不强，框架、工具和方法的通用性就会受到限制。在当前的理论研究和实践探索中，如何保证数据质量依旧是热点问题。

政府数据往往汇聚大量敏感数据，在金融、医疗、保险等行业尤为突出。政府数据开放带来经济、社会和政治价值的同时，也出现了种种乱象，导致国家机密、商业秘密、个人隐私等的泄露，从而危害国家安全、企业利益和个人权利。为实现数据的有序流动，必然需要先行进行数据脱敏。数据脱敏的作用是在保留数据价值的前提下，对敏感数据进行处理，在不降低数据流通性的前提下，保障敏感数据安全，为数据开放和数据利用提供安全支撑。与数据质量管控不同的是，数据脱敏存在通用原则，包括不可逆、保留数据价值、引用完整性、关联匿名和自动化。对数据的不可逆处理可以防止利用非敏感数据推断、重构原始数据；数据脱敏既要隐去敏感数据，也要保证数据可以正常应用于开发、测试、分析等业务场景；对原始数据进行脱敏处理时，其技术关联数据也应同时脱敏，同时还需保证脱敏后的原始数据与关联数据的技术关联不变化；关联匿名针对的是数据间的逻辑关联，若通过某些非敏感字段可以准确推测敏感字段，那么存在逻辑关联的字段也应当同时脱敏；由于数据脱敏属于常态化工作，通过程序自动化处理能保证数据脱敏的可行性。

数据脱敏不能一刀切，具体使用何种脱敏算法需要依据数据定级的结果进行选择。数据定级的重要依据是数据遭到破坏后可能造成的影响，这里不仅要考虑影响对象，还需考虑影响范围和程度。需要特别指出的是，数据定级是一个动态调整的过程，如大量数据类别聚合便可考虑升级，时间久远的历史数据则可以考虑降级等。

数据质量究竟如何、数据脱敏工作做得是好还是坏，都需要借助数据利用这一实践来检验。虽说数据利用靠社会，但政府并不是只能无所作为。一些地方政府通过举办数据应用大赛等活动推动数据利用，促进大众创新；一些地方政府将基于政府数据开放形成的热门应用上载到政府数据开放门户，形成数据开放与数据利用并行推广的工作格局。但总体来看，政府在推进数据利用方面任重道远。

3. 政府数据开放要与数据利用形成闭环

数据开放不是目的，只有当数据开放和数据利用形成闭环时，才能实现数据价值，收获数据红利。数据开放为数据利用提供了生产要素，数据利用反过来对数据开放提出新的数据需求，帮助推动、提升数据开放。

在政府数据开放门户上载各类基于政府数据开发的应用，开辟直接服务开发人员的栏目，这些固然是激励数据利用的方法，但数据逐利驱动下的数据滥采和滥用形势愈发严峻，数据寡头垄断蠢蠢欲动，这与科技向善渐行渐远。政府要想从根本上推动数据利用的良性发展，关键在于要营造一个统一开放、竞争有序的数据要素市场。正如党的十九届四中全会所提出的，"健全劳动、资本、土地、知识、技术、管理、数据等生产要素由市场评价贡献、按贡献决定报酬的机制"。

数据市场是指供需双方按照商品交易方式进行数据及信息商品交换的领域或场所，包括数据、信息商品与服务交换活动的总和以及流通与交易的全过程。与传统生产要素不同的是，数据在流通过程中可以被反复使用，并且其价值的发挥程度取决于人力资本，不仅依赖于供给方的信息素养，也依赖于消费方的信息素养；当数据经过利用形成产品或服务时，比如一些App，这种产品或服务中的智力成本(固定成本)含量较高，而可变成本(如复制成本)相对较低，这种成本结构会使其外部性更为突出。例如，非法复制会更加容易。同时，数据的时效性更强、不确定性更明显。作为一种生产要素，数据质量具有隐蔽性，并且有关质量的信息存在不对称性。以上种种直接导致数据市场监管难，知识产权保护难，数据安全保障难。

一个统一开放、竞争有序的数据要素市场不仅依赖于政府，而且依赖于市场和社会，需要各方协同共治。对于政府而言，应从创造数据价值的视角出发，重点做好以下6个方面的工作。一是建立数据资产评估、登记和管理制度。编制数据资产目录和定期更新指引，建立统一的数据格式标准、编目和索引体系。二是建立数据分级分类制度。统筹国家安全、公共利益、商业秘密和个人隐私等因素，制定数据分级分类标准，基于全局数据资产目录将数据进行分级，针对不同等级数据采取差异化的控制措施，实现数据精细化管理。三是建立国家数据流量表。编制国家数据目录，每隔几年进行一次全社会的数据资源普查，每年不定期进行数字资源抽样调查，校验、比对国家数据目录，确保国家数据目录数据集的准确性和完整性。四是探索建立数据货币化、资产化和质押的渠道和机制。五是建立国家数据交易所。六是开展数字税试点，探索建立完善的数字经济税收制度。对于市场主体而言，需要加强平台自律和行业自律，可以通过建立平台自律规则和平台年度社会责任和数据伦理报告制度，约束自身践行科技向善。对于社会公众而言，需要树立数据安全意识和维权意识，提高信息素养，辅助形成全社会监督数据滥采、滥用的局面。

从宏观层面看，数据是国家资产和全民资产，运用好、监管好数据事关数字经济繁荣，事关数字红利的社会化释放和人民福祉；从中观层面看，数据并不服从"先行者独占先得"的原则，而是事关身份识别的社会信任机制的成熟问题；从个体层面看，个人数据权是神圣不可侵犯的个人权利，让公众更好地履行对其个人数据的知情权、访问权、更正权、删除权、可携带权是互联网公司和各类平台运营者必须履行的义务。

扩展阅读文献

[1]丁红发，孟秋晴，王祥，蒋合领. 面向数据生命周期的政府数据开放的数据安全与隐私保护对策分析[J]. 情报杂志，2019，38(7)：151-159.

[2]顾嘉琪，袁莉. 基于公众需求的政府数据开放服务质量提升研究[J]. 情报杂志，2020(6)：196.

[3]陈筱贞. 政府数据开放的法律边界[J]. 法制与社会，2019(34)：124-126.

案例 10
用好大数据，让精准扶贫更精准

案例正文

【摘要】2020 年是全面打赢脱贫攻坚战的收官之年。2015 年，甘肃被国务院扶贫开发领导小组办公室列为精准扶贫大数据管理平台建设试点省，在全国率先探索精准扶贫大数据平台。此后，贵州、广西等越来越多的地方开始将大数据应用于精准扶贫工作中。各地在利用大数据落实"六个精准"工作基本要求方面，积累了经验，取得了成效。但是，如何确保基础数据的及时、准确、完整，如何在利用数据的同时保护贫困群众的个人隐私，如何避免"唯数据论绩效"，这些都需要我们深入反思。

【关键词】大数据；扶贫；精准识别；精准施策；精准评估

引言

2013 年 11 月，习近平总书记在湖南湘西考察时作出"实事求是、因地制宜、分类指导、精准扶贫"的重要指示，首次提出了"精准扶贫"的重要思想。2015 年 6 月，习近平总书记在贵州考察时提出了扶贫开发工作"六个精准"的基本要求，即扶持对象精准、项目安排精准、资金使用精准、措施到户精准、因村派人精准、脱贫成效精准。"六个精准"的提出为精准扶贫指明了方向，省、市、县、乡各级政府围绕精准扶贫方略，结合大数据技术，开展脱贫攻坚工作，脱贫、减贫工作取得重大成效。截至 2019 年年底，我国农村贫困人口从 2012 年年底的 9 899 万减少到 551 万，累计减少 9 348 万；贫困发生率从 2012 年的 10.2% 下降到 2019 年的 0.6%，累计下降 9.6 个百分点。① 梳理各地

---

① 数据源自国家统计局。

实践，大数据在多个方面为精准扶贫工作助力。

1. 基础数据采集，精准扶贫的前提

我国的扶贫开发是一个持续渐进的过程，从区域性扶贫到瞄准建档立卡贫困户的精准扶贫，当前的扶贫开发工作以广泛收集基础数据和大力挖掘潜在信息为基础，瞄准建档立卡贫困户，在做好数据采集的基础上实现了大数据与扶贫工作的有效结合。

2014年，国务院扶贫开发领导小组办公室下发《扶贫开发建档立卡工作方案》，标志着建档立卡工作的正式开启。方案要求，2014年年底前全国范围内要建立起贫困户、贫困村、贫困县和连片特困地区的电子信息档案，并向贫困户发放《扶贫手册》。在信息采集过程中，帮扶责任人和驻村工作队作为脱贫攻坚的一线工作人员，需要先在纸质版《扶贫手册》上记录贫困户相关信息，再录入到信息系统中。《扶贫手册》记录的信息每年更新一次，如某户信息在当年出现变动，需要及时勾画、修改。这不仅会造成手册字迹难以辨认，也不便于工作人员开展工作，信息错填、漏填现象时有发生。为解决这一问题，广西壮族自治区开发了"广西扶贫"App，将纸质版《扶贫手册》变为电子版，帮扶责任人可以通过App随时录入和修改贫困户信息、帮扶计划等。App按照"八有一超"的脱贫标准①记录贫困户信息，能够清晰反映贫困户当前的脱贫难点。同时，App设有考勤打卡功能，帮扶责任人可以直接使用手机填写帮扶记录，大大提高了工作效率。

结合政策要求及基层实践，国务院扶贫开发领导小组办公室搭建了全国扶贫信息网络系统，并根据实际情况不断更新、完善这一系统。全国扶贫开发信息系统业务管理子系统（以下简称业务管理子系统）每年年中、年末各开放一次，开放期间，乡镇及以上扶贫部门可以登录系统维护本级扶贫信息。作为囊括全国所有贫困县、贫困村和贫困户基础数据的数据库，业务管理子系统实现了全国扶贫基础数据的汇聚和积累，用数据刻画出了各地区的贫困现状。

但在实际操作中，由于各地区对扶贫政策和贫困户、贫困村、贫困县识别指标的理解存在差异，且系统存在不稳定等情况，基础数据的收集和录入过程中不可避免会出现偏差，如出现信息更新不及时、贫困户享受政策漏填或错填等。同时，由于实际工作的复杂性，业务人员在贫困户评选工作中很难完全了解申报人的真实情况，表现为申报人瞒报房子、车子、商铺等资产情况，出现贫困户错评的现象。如2019年1月，关于山西省临汾市隰县数百名贫困户拥有小型汽车，部分为奔驰等豪车的信息在网上流传。事件在网上发酵后，临汾市委、市政府成立调查组就相关情况展开调查，最终将不符合贫困

---

① 广西壮族自治区判断贫困户脱贫退出的"八有一超"原则，"八有"即有稳定收入来源且吃穿不愁，有住房保障，有基本医疗保障，有义务教育保障，有安全饮水，有路通村屯，有电用，有电视看；"一超"为年人均纯收入稳定超过国家扶贫标准。

标准的人员做清退处理，并处理了涉事干部。①

　　为确保基础数据的精准度，各地区根据实际情况适时开展数据清洗和"回头看"工作。国务院扶贫开发领导小组办公室于每年年中组织信息系统的数据动态管理工作，确保基础数据的时效性。此外，国务院扶贫开发领导小组办公室及各级政府扶贫部门对基础数据展开数据分析，利用数据比对寻找基础数据中的异常值，对数据进行进一步核实和清理。在贫困户识别工作中，县级扶贫部门组织开展数据的行业交换和比对工作，核实申报人的真实资产情况，从而在一定程度上避免错评现象。

　　贵州省探索出利用大数据解决问题的新路子。贵阳市上线的大数据精准帮扶平台整合了扶贫、民政、卫计、人社、住建、残联、统计、国土等行业数据，建设了统一的扶贫数据库，实现了全市扶贫信息资源的融合共享，并创新实践了基于大数据的贫困人口识别工作模式。借助"贫困人口识别模型"，平台的对象管理系统实现了多部门业务数据和传统贫困人口"两公示一公告"识别模式的结合，达成了快速、精准识别低收入困难群体的目的。

2. 基础数据分析，精准扶贫的推力

　　利用大数据技术对贫困户进行精准画像，不仅有助于精准施策，也有利于掌握贫困户状况，还可以实现对扶贫成效的评估。基于全国扶贫信息网络系统，国务院扶贫开发领导小组办公室利用大数据技术聚焦于扶贫开发工作中的痛点和难点，实现了对症下药、对症开方。"三区三州"深度贫困区② 80%以上的区域位于青藏高原区，地理位置特殊、生存环境恶劣，贫困发生率高、脱贫攻坚任务艰巨。为确保"三区三州"与其他地区一道完成脱贫攻坚任务，国务院扶贫开发领导小组办公室加大政策支持，制定了深度贫困地区脱贫的"时间表"和"路线图"，同时监测该地区的贫困发生率。

　　在全国扶贫信息网络系统的基础上，为深入把握贫困现状和脱贫攻坚工作开展情况，各地区、各机构建设了形式多样的平台、系统，结合各地脱贫攻坚政策，对基础数据进行提炼，用于指导本地区精准扶贫工作。甘肃省陇西县教育局负责同志提到，"大数据平台的采集摸底，让我们进一步掌握了贫困家庭各学龄段学生的状况，哪些孩子是适龄入学儿童，哪一家享受什么优惠政策，真正不让一个孩子因为贫困而失学，不让一户贫困家庭在享受国家政策上疏漏掉"。包含易地搬迁、危房改造、惠农政策、饮水安全、社会救助、教育、卫生、富民产业、劳动力培训 9 方面数据的大数据平台为该县贫

---

　　① 《山西公布临汾隰县"国贫县贫困户有奔驰奥迪"调查结果》，http://sx. people. com. cn/n2/ 2019/0116/c189132-32540170. html，2020-07-05。

　　② "三区三州"的"三区"指西藏、新疆南疆四地州和青海、甘肃、云南、四川省藏族聚居的自治地区，"三州"指甘肃的临夏州、四川的凉山州和云南的怒江州，是国家层面的深度贫困地区。

困群众列出了独特的"需求清单"，为各级政府提供了因户施策、对症下药、检验成效的有效依据，实现了扶贫工作从"大水漫灌"到"精准滴灌"的转变。[①]

贵州省毕节市大方县是恒大集团的结对帮扶对象，事实上，恒大已将帮扶范围扩大到整个毕节市，其在大方县总结出的"精准识别＋大数据分析"经验也被推广开来。恒大自主开发了"毕节市精准扶贫数据调查收集系统"，该系统类似于企业的生产销售管理系统，以地图、列表、各类数据分析示意图、贫困户家庭情况以及援建项目照片为数据基础，通过统计贫困对象基本信息、展现地理信息系统专题图层等途径，实现了入户调查过程、贫困对象信息、帮扶措施的综合展示以及信息查询、扶贫成果分析等功能。恒大负责人介绍道："系统可以实时进行动态调整，每个乡镇扶贫措施覆盖多少人，每个人获得了多少帮扶措施，这套系统可以帮助我们全面把握各项扶贫措施的进度，形成时间表，决策层和政府可随时查看系统并可对某一项举措进行跟踪，以监督检验扶贫成果。"以大方县为例，恒大实施的扶贫措施主要包括产业扶贫、易地搬迁扶贫、发展教育扶贫、吸纳就业扶贫、贫困家庭创业扶贫和特困群体生活保障扶贫等，每个板块钱如何花、每个项目该投入多少，都是在精准识别的基础上进行大数据分析。比如，"在产业扶贫中，一共要建335个肉牛养殖基地，最后（这个数字）为什么是335，而不是334或336？这不是我们拍脑袋决定的，很大程度上是根据我们了解到的每一户贫困户的意愿来确定的"[②]。

3. 数据铁笼，精准扶贫的抓手

2014年，贵州省建成了全国首个省级政府数据统筹交换共享平台——"云上贵州"。基于该平台，贵州开展了贵州纪律监督"数据铁笼"试点工程建设，民生资金监督系统率先投入运行。2018年7月18日，在贵州省锦屏县平略镇平鳌村的便民服务站，一群建档立卡贫困学生正在镇纪检工作人员的引导下，使用民生资金查询机比对自己享受教育精准扶贫的资助情况。看着查询机上显示的查询结果，家住平鳌村九组的J同学满意地说："原来我这几年享受到的教育精准扶贫资助竟有13笔，资金多达13 275元，而且都与事实相符，爸爸再也不会怀疑学校漏发我的教育精准扶贫资助了。"据统计，截至2018年7月，该县已经在15个乡镇32个行政村配备了47台民生资金查询机，系统录入各种

---

① 王雨，刘佳丽：《陇西县：打造大数据平台 助力精准扶贫》，http://gsrb.gansudaily.com.cn/system/2015/10/09/015726315.shtml，2020-07-05。

② 《贵州大方两年脱贫12.73万人背后：精准识别＋大数据分析》，http://www.sohu.com/a/215732735_260616，2020-07-05。

民生资金类数据 572.5 万余条，涉及金额 16.86 亿余元。① 通过在乡、村配备民生资金查询机，开通手机 App 查询功能和各级纪委监委门户网站查询端口等，群众可实现多渠道轻松享受最方便快捷的查询服务，也有效实现了扶贫工作的群众监督。与此同时，纪检监察部门主动作为，利用大数据分析技术建立异常信息预警机制，将传统的人工监督转变为技术监督，大大提高了纪律监管效率，主动出击打击贪腐行为。2018 年上半年，贵州扶贫民生领域监督系统采集 5.5 亿条民生资金类数据，比对发现 27.5 万余条问题数据、6 934 个违规问题，立案 186 件，追回资金 615 万余元。②

除贵州外，也有很多地区试点探索大数据背景下扶贫领域监督执纪问责的途径、方法。2018 年，甘肃省定西市陇西、临洮、漳县、渭源等 6 县区先后建成"扶贫民生监察大数据平台"或"惠农资金监管网"。截至 2018 年 10 月，定西市各县区监管平台已录入并公开扶贫惠农政策资金项目信息 1 190 万条，涉及资金 126.81 亿元。2019 年 1 月 24 日，定西扶贫惠农资金监管网正式上线，整合各县区扶贫惠农数据，涵盖定西市教育、住建、交通、农业、卫生等相关行业部门扶贫惠农数据，实现了扶贫资金去向明确、痕迹可查，彻底改变了资金监管的传统式、走动式，为实现资金精准监督提供了技术可能性。③ 定西扶贫惠农资金监管网提供信息查询和后台数据分析两项功能。其中，信息查询功能提供各项惠农扶贫资金的项目、数额、发放时间和享受对象等信息，便于群众监督。数据分析功能利用数据抽取、数据挖掘等技术处理各项扶贫惠农资金数据，甄别异常数据并进行预警。通过开展数据对比分析，定西市共发现涉及农村低保补助、危房改造、农业支持保护补贴等领域疑似问题数据 2.2 万条，初步核实 4 299 条。通过大数据对比分析，定西市纪检监察机关共追缴资金 134 万余元，处理 921 人，让"硕鼠蝇贪"无处遁形，为决战决胜脱贫攻坚保驾护航。④

4. 贫困户隐私保护，精准扶贫的得与舍

小到家庭住址、手机号，大到享受的扶贫政策和资金扶持，在精准识别、精准施策过程中，贫困户在扶贫部门的"聚光灯"下宛如一个"透明人"。为便于查阅信息，大

---

① 《贵州锦屏：巧用"大数据铁笼"助力精准扶贫》，http://news.cyol.com/content/2018-08/09/content.17462711.htm，2020-12-10。

② 《贵州采用大数据打造"数据铁笼"何以成监督利器?》，https://finance.ifeng.com/a/20180809/16437633_0.shtml，2020-07-05。

③ 《定西扶贫惠农资金监管网正式开通上线运行》，http://www.dxdjw.gov.cn/articles/2019/01/24/article_3_87135_1.html，2020-07-05。

④ 李杨，张笑倩：《定西："大数据＋"让扶贫惠农领域"不敢腐、不想腐、不能腐"》，http://gansu.gansudaily.com.cn/system/2018/10/19/017067644.shtml，2020-07-05。

部分地区会在贫困户家门口挂上"扶贫公示牌""帮扶信息明白卡"等牌子，记录贫困户户主姓名、家庭人口数、致贫原因、收入水平、帮扶责任人等信息。对于一线工作人员来说，这些公示牌、明白卡能够帮助其了解贫困户基本情况，但却曝光了贫困户的个人隐私。

的确，建档立卡贫困户识别是精准扶贫工作的第一步，建档立卡贫困户的脱贫退出是精准扶贫工作的最终目标，二者都需要接受来自公众的监督，需要进行信息公开。但在实践中，部分政府网站在公示信息时存在泄露贫困群众个人隐私的现象。例如，贵州省某县网站2017年3月10日发布的《建档立卡贫困户名单公告》披露了贫困户户主姓名和完整身份证号；河南某县2017年年初发布的《建档立卡贫困户脱贫名单公告》披露了脱贫户的姓名、完整身份证号、完整手机号等。

2018年4月8日，国务院办公厅印发《2018年政务公开工作要点》（国办发〔2018〕23号），强调"要依法保护好个人隐私，除惩戒公示、强制性信息披露外，对于其他涉及个人隐私的政府信息，公开时要作去标识化处理，选择恰当的方式和范围"。建档立卡信息公开是扶贫工作公平、正义的必然选择，但建档立卡信息关乎建档立卡对象的个人隐私和财产安全。如何做到有效公开、信息透明和隐私保护，是当前必须引起重视、切实解决的关键问题。

结束语

习近平总书记指出，"扶贫开发贵在精准，重在精准，成败在于精准""要运用大数据促进保障和改善民生，加强精准扶贫领域的大数据运用，为打赢脱贫攻坚战助力"。如何用好大数据，如何让大数据在脱贫攻坚中发挥出更大效力并让风险在可控范围内，这对于打赢脱贫攻坚战以及脱贫之后谋振兴的意义重大。

思考题

1. 在大数据让扶贫更精准的实践中，如何平衡扶贫对象的"精准识别"与"隐私保护"？
2. 对于精准扶贫以及脱贫之后谋振兴，大数据有哪些应用场景？
3."以数据论扶贫绩效"是否科学？

案例教学使用说明书

课前准备

1. 检索并研读《中国农村扶贫开发纲要(2011—2020年)》《中共中央、国务院关于打赢脱贫攻坚战的决定》《"十三五"脱贫攻坚规划》《关于创新机制扎实推进农村扶贫开发工作的意见》(中办发〔2013〕25号)、《中共中央办公厅、国务院办公厅关于支持深度贫困地区脱贫攻坚的实施意见》(厅字〔2017〕41号)、《全国扶贫开发信息化建设规划》(国开办发〔2014〕42号)、《网络扶贫行动计划》(中网办发文〔2016〕10号)、《关于推进网络扶贫的实施方案(2018—2020年)》(工信部通信〔2018〕83号)等政策规划。

2. 访问并体验精准扶贫领域的大数据平台、小程序或者App。

3. 检索并阅读中国社会科学院历年发布的《中国扶贫开发报告》、国务院扶贫开发领导小组办公室全国扶贫宣传教育中心与华中师范大学联合发布的《中国精准扶贫发展报告(2016):精准扶贫战略与政策体系》《中国精准扶贫发展报告(2017):精准扶贫的顶层设计与具体实践》《中国精准扶贫发展报告(2018):稳定脱贫的深层挑战与有效途径》,以及国家统计局发布的《中国农村贫困监测报告》。

教学目标

1. 理解:运用大数据可以助力精准扶贫以及脱贫之后谋振兴。

2. 掌握:如何运用大数据助力精准扶贫以及脱贫之后谋振兴。

3. 反思:精准扶贫以及脱贫之后谋振兴要靠数据,但不能唯数据。

要点分析

1. 精准识别对象是精准扶贫以及脱贫之后谋振兴的前提和基础

解决好"谁"的问题,是扎实推进工作的前提和基础。无论是精准扶贫,还是脱贫之后谋振兴,只有精准识别帮扶对象,才有可能做到精准施策,实现"真扶贫""扶真贫"。中共中央、国务院印发的《中国农村扶贫开发纲要(2011—2020年)》深化了"精准识别"的理念,要求"建立健全扶贫对象识别机制,实行动态管理"。

以往识别贫困户的做法是先由群众自行申请,再由村民代表会议或群众民主评议,最终完成识别工作。这种做法不仅会导致数据更新滞后,还会出现作假、拼关系等问题,大数据技术让这些问题迎刃而解。通过建立"贫困人口识别模型",整合跨部门的多维度数据,并与传统贫困人口"两公示一公告"的识别模式相结合,实现了扶贫对象的精准识别和动态管理。实践中,这种工作模式需要解决3个核心问题,即数据壁垒问题、数据能力问题和隐私保护问题。

数据"孤岛"、数据壁垒是大数据发展的"痛点"，也是利用大数据技术识别精准扶贫工作对象以及脱贫之后谋振兴工作对象的难点。如何打通扶贫、公安、教育、民政、卫计、人社、住建、残联、统计、国土等国家部委和省市部门的数据，实现实时共享交换，是对帮扶对象进行精准、动态画像的基本保障。并且，通过对比相关部门的多维度数据，能够进一步保证基础数据的及时、准确、完整。这不仅需要技术支持，更需要制度保障。2020年3月30日，中共中央、国务院发布《关于构建更加完善的要素市场化配置体制机制的意见》，明确提出"加快推动各地区各部门间数据共享交换"，研究建立促进公共数据开放和数据资源有效流动的制度规范。

解决数据壁垒问题之后，是否采用基于大数据的对象精准识别？怎么用？用得成效如何？这些问题在很大程度上取决于领导干部的观念和能力。2017年12月8日，习近平总书记在主持中共中央政治局第二次集体学习时指出，"善于获取数据、分析数据、运用数据，是领导干部做好工作的基本功。各级领导干部要加强学习，懂得大数据，用好大数据，增强利用数据推进各项工作的本领，不断提高对大数据发展规律的把握能力，使大数据在各项工作中发挥更大作用"。当前实践中仍然存在重视不够、能力不足等问题。比如，关于大数据的一个普遍观点是：数据就是事实；而实际情况却是：大数据存在可信性威胁。这一威胁主要体现在两个方面，一是伪造或刻意制造数据，二是数据在传播中逐渐失真。这就要求领导干部既要大胆使用数据，又要理性看待数据。为克服本领恐慌，客观上需要将"获取数据、分析数据、运用数据"能力纳入干部教育培训体系，主观上要求领导干部自觉树立大数据观念，培养大数据思维，养成用好大数据的工作习惯。

精准识别对象在带来工作便利、提高工作成效的同时，也存在隐忧，贫困人口的隐私保护问题就是其中之一。贫困是一种需要保护的隐私，精准扶贫以及脱贫之后谋振兴不能以牺牲贫困人口的个人隐私和人格尊严为代价。扶贫先扶志，在推进扶志工作中，只有保护好贫困群众的隐私，才能更好、更彻底地从思想上调动他们脱贫的主动性和积极性。大量事实表明，如大数据未被妥善处理会对用户隐私造成极大侵害。这涉及数据采集、数据共享、数据发布、数据分析等数据生命周期的隐私保护，以及隐私数据可信销毁等。当然，大数据在带来隐私保护问题的同时，也是一种解决问题的重要手段，基于大数据的威胁发现技术、认证技术、数据真实性分析技术等都可以从技术层面不同程度地缓解问题。但总体来看，只有将技术手段与管理手段、政策法规有机结合起来，才能更好地解决贫困对象精准识别中的隐私保护问题。

2. 大数据在精准扶贫以及脱贫之后谋振兴中存在广阔的应用前景

在扶贫对象的精准识别、不同地区贫困问题的科学分析、区域联网贫困信息库的建立、扶贫方案的精准设计、扶贫管理的动态机制、脱贫成效的精准判别、返贫行为的精准防范等方面，各地区纷纷探索大数据的应用场景，基本可以覆盖发展生产、易地搬迁、生态补偿、发展教育、社会保障"五个一批"的脱贫措施领域，支撑扶持对象精准、项目安排精准、资金使用精准、措施到户精准、因村派人精准、脱贫成效精准"六个精准"的基本工作要求。具体包括：

一是扶贫信息分析，包括自动预警、实时推送异常信息，帮助扶贫干部精准识别贫困户；二是利用扶贫相关部门数据实现贫困户的精准画像，实时掌握国家、省、市、县、乡、村各级帮扶干部情况及对应帮扶贫困户信息，实时预测贫困户致贫、返贫现象；三是根据贫困大学生录取信息实现自动比对和身份识别，推送给教育、财政、扶贫等相关部门，实现教育精准扶贫资金"一站式"管理；四是及时掌握各地易地扶贫搬迁情况，精准分析研判搬迁贫困户的安置率、入住率、就业率和户均累计收入等指标；五是利用大数据可视化呈现各家帮扶企业对贫困村、贫困户的帮扶情况，包括每家企业所帮扶的贫困户人员具体名单，以及帮扶企业的名称、帮扶地点、帮扶人数、帮扶金额、帮扶途径，实时掌握企业帮扶贫困户和贫困户被帮扶的进程；六是通过大数据全样本数据、"数过留痕"、可关联比对分析等特征，将大数据及相关分析结果作为扶贫成效评估考核的重要依据，实现对扶贫过程、扶贫结果、扶贫成效的全过程监督；七是通过比对与核实建档立卡户财产信息、跟踪扶贫资金流向等功能，推进扶贫领域监督执纪问责。

2019 中国国际大数据产业博览会发布了"大数据＋扶贫"十大应用案例，贵州修文农投猕猴桃大数据融合产业项目、广西精准识别贫困户数据比对平台、江西淮安大数据分析打造扶贫监督系统等 10 个项目入选。一些地区的成功经验表明，大数据不仅可以助力精准扶贫，而且具有可持续性，能够在脱贫之后谋振兴中继续发挥作用。以"贵州修文农投猕猴桃大数据融合产业项目"为例，该项目通过建设大数据物联网可追溯云平台，记录修文县 495 家猕猴桃种植户的生产信息，包括果园的基础信息、施肥、用药、生长记录、采摘记录，并通过果园二维码实现全程可追溯管理，随时查询每一次施肥和用药的时间、用量，确保食品安全，实现了安全可预警、源头可追溯、流向可追踪、信息可查询、责任可认定、产品可召回。同时，该平台可增强种植地与市场的联系，使农产品直接链接到市场。这种因地制宜发展特色农业、有效实现农产品和市场对接的技术应用方向，显然对于脱贫之后谋振兴意义重大。

当然，我们也要清醒地认识到，将大数据应用于精准扶贫以及脱贫之后谋振兴需要技术、人才、资金的支持。将大数据应用转变为常态化工作后，需要保障资源的持续性投入。对于贫困地区而言，这些资源如何得以持续，亟待制度创新。

3. 精准扶贫以及脱贫之后谋振兴需警惕唯数据论和唯技术论

毋庸置疑，应用大数据对于精准扶贫工作的方方面面以及脱贫之后谋振兴都具有积极的促进作用。然而，无论是数据还是平台，都不是工作目标，而是推动理念创新、手段创新和制度创新的重要力量。在推动大数据应用的进程中，切勿将数据、技术"神"化，切勿放大数据和技术的功用，忽视人在工作中的主体地位，忽视制度的根本性、决定性作用。大数据给精准扶贫以及脱贫之后谋振兴带来的是解放思想，以及工作模式和体制机制的创新。技术用得好，能提升工作绩效；用得不好，不仅可能陷入IT黑洞，甚至可能导致"数据漂亮、实则无用"的形式主义和官僚主义，误导政绩观。

用好大数据，需要解放思想、创新工作理念。如今，大数据技术应用日臻广泛，政府可以综合运用趋势预测、模式识别、热点探测、关联分析等技术手段，加强政策的议程收集、过程评估、动态调整和精准实施，可以使精准扶贫以及脱贫之后谋振兴的政策议程设定、理性咨询、科学决策和精准实施以及治理能力再攀高峰。大数据将"事务随人走"逆转为"人随事务走"，使精准扶贫以及脱贫之后谋振兴由"政府在哪里"走向"需求在哪里"，并由经济基准走向社会基准。更为重要的是，大数据能够吸引企业、社会加入精准扶贫以及脱贫之后谋振兴的生态圈，以弥补政府资源的总量短缺和质量欠缺。

用好大数据，需要敢于实践、创新工作模式。在精准扶贫以及脱贫之后谋振兴工作中，数据、技术无疑是诸多资源要素中最活跃、最具能动性的。大数据应用和技术创新往往能带动其他要素的变化。从这个意义上看，重视数据、重视技术是正确的。但是，数据和技术只有与其他要素深度融合，才能发挥出积极的促进作用，将数据和技术凌驾于其他要素之上是极其有害的。数据和技术必须与精准扶贫以及脱贫之后谋振兴的工作需求紧密结合，必须与工作流程、管理方式和服务模式有机配合。这样来看，数据和技术显然远不是最重要的。

用好大数据，需要制度保障、创新体制机制。数据革命、技术革命往往会引发制度革命，与其倒逼创新，不如主动出击。利用大数据推进精准扶贫以及脱贫之后谋振兴的制度创新，既要考虑其技术可行性，又要兼顾法律许可和社会认同的合法性基础。要发挥制度红利，首先需要形成由不同层次、相互耦合的规则、机制、体制组成的制度体系，以支撑大数据应用。当前，制度创新已具备现实技术基础和合法性基础，创新精准扶贫以及脱贫之后谋振兴的制度体系刻不容缓。

扩展阅读文献

[1]刘学敏，张生玲，王诺．效率、社会公平与中国减贫方略[J]．中国软科学，2018(5)：49-55.

[2]汪磊，许鹿，汪霞．大数据驱动下精准扶贫运行机制的耦合性分析及其机制创新——基于贵州、甘肃的案例[J]．公共管理学报，2017，14(3)：135-143+159-160.

[3]陈升，刘泽．大数据驱动下的政府治理机制研究：以精准扶贫为例[J]．重庆大学学报(社会科学版)，2019(6)：1-15.

案例 11
数据出境处罚案：
数据跨境流动的规制博弈

案例正文

【摘要】数据跨境流动是全球化和信息化背景下的一种常态。数据流动对于消费者利益、产业利益和国家利益而言，既是机遇又是挑战。目前，欧盟、美国、俄罗斯、中国等越来越多的地区和国家对数据跨境流动实施立法监管。但是，无论是立法还是监管，均存在这样或那样的冲突。如何达成共识，如何共同推进国际合作，需要我们在网络空间命运共同体的视域下探索实践。

【关键词】数据流动；合作治理；数据权力；数据权利；跨境

引言

数据跨境流动的概念最初由经济合作与发展组织（Organization for Economic Co-operation and Development）于 1980 年在《关于保护隐私与个人数据跨境流动的指南》（Guidelines on the Protection of Privacy and Transborder Flows of Personal Data）中提出：数据跨境流动，即个人数据的跨国界移动。

2017 年 12 月 8 日，习近平总书记在中共中央政治局第二次集体学习时强调"要制定数据资源确权、开放、流通、交易相关制度，完善数据产权保护制度。要加大对技术专利、数字版权、数字内容产品及个人隐私等的保护力度，维护广大人民群众利益、社会稳定、国家安全。要加强国际数据治理政策储备和治理规则研究，提出中国方案"。

1. 一位奥地利公民维权①引发的风波

一位名叫 Schrems 的奥地利公民在使用脸书（Facebook）过程中发现，爱尔兰的分支机构将收集到有关他的个人数据传输到了脸书在美国的服务器。因此，他向爱尔兰数据保护委员会提出申诉，声称考虑到大规模的政府监控，美国并没有对转移到其国内的个人数据提供充分保护，要求该机构行使法定权力，禁止脸书将其个人数据转移至美国。爱尔兰数据保护委员会否决了他的申诉，认为根据欧盟委员会于 2000 年 7 月 26 日通过的"2000/520 号欧盟决定"，安全港协议对个人数据提供了充分保护。

Schrems 不服这个结果，向爱尔兰高等法院提起诉讼。爱尔兰高等法院认为，监控和拦截被转移到美国的个人数据事关公共利益。棱镜计划②表明，美国国家安全局（National Security Agency）和联邦调查局（Federal Bureau of Investigation）等联邦机构过度滥用职能。一旦个人数据被转移到美国，将有可能导致欧盟民众的权利得不到有效保护。但是，由于该案涉及欧盟委员会的"2000/520 号欧盟决定"，所以需要提请欧盟法院对相关法律问题作出裁决。

2015 年 10 月 6 日，欧盟法院公布了一份无效判决，宣布与"美国欧盟安全港协议"（US-EU Safe Harbor Scheme）有关的"2000/520 号欧盟决定"无效。"2000/520 号欧盟决定"约束所有欧盟成员国，美国公司只要获得安全港认证，就可以在美国收集、存储以及传输欧盟公民的个人数据。欧盟法院的判决意味着，安全港协议不再能够为美国企业提供之前的种种便利。显然，这份判决挑战了美欧安全港协议的效力，成员国数据监管机构可以因此禁止美国公司在美国收集、存储其国民的个人数据，哪怕美国公司通过了安全港认证。

无独有偶，同年 10 月，德国数据保护机构宣布将对从欧盟国家传输数据给美国的公司展开调查，以确定这些公司在数据传输中是否遵守了欧盟的相关规定。如果没有，将对这些公司下达暂停命令，禁止跨境数据传输行为。美国公司设在汉堡的总部成为首批目标，如谷歌（Google）和脸书。汉堡数据隐私与信息自由委员会主任 Johannaes Caspar 向美国公司提出建议：若想不受法律和政治的制裁，那么最好将用户的个人数据存储在欧盟国家的服务器上。

客观来看，欧盟法院的判决对美欧个人数据跨境流动的潜在影响还有待进一步观察，这一判决是否会使美国公司在美国收集、存储以及传输欧盟公民的个人数据变得更

---

① 《美欧安全港协议受到欧盟法院判决挑战》，https://www.tisi.org/4255，2020-07-18。

② 棱镜计划（PRISM）是一项自 2007 年小布什时期起开始实施的绝密电子监听计划，美国国家安全局和联邦调查局等机构直接进入包括微软、雅虎、谷歌、苹果等在内的 9 家美国互联网公司的中心服务器里挖掘数据、收集情报。

加困难，也尚无定论。微软(Microsoft)、脸书、爱彼迎(Airbnb)等很多硅谷公司持观望态度，除加入安全港外，这些公司往往还有其他备选方案。比如，借助欧盟标准合同条款、公司内部规则或者其他承诺来满足欧盟充分保护的要求。但是，很多经营跨国业务的美国中小企业势必会受到一定程度的影响。

2."深圳华大基因科技服务有限公司"上热搜榜的始末

2018年10月24日，中华人民共和国科学技术部公布了人类遗传资源6则行政处罚信息，涉及3起违规案件，涉案机构包括深圳华大基因科技服务有限公司、药明康德新药开发有限公司、复旦大学附属华山医院、昆皓睿诚医药、厦门艾德生物医药科技股份有限公司、阿斯利康。

时间最远的一起违规案例发生在2015年。当年下发的行政处罚决定书显示，"华大科技与华山医院未经许可与英国牛津大学开展中国人类遗传资源国际合作研究，华大科技未经许可将部分人类遗传资源信息从网上传递出境"。

有关深圳华大基因科技服务有限公司泄露人类基因数据的话题旋即引发网络热议，有网友由此联想到2018年10月5日新华网发布的一则新闻——《研究人员完成迄今最大规模的中国人基因组测序》，文中提到，"中国研究人员领导的一个国际研究团队4日说，他们完成了迄今最大规模的中国人基因组测序和分析，有助于揭示基因与生育的联系以及了解中国人口基因结构。这项发表在新一期美国《细胞》杂志上的研究显示，深圳华大基因研究院用'无创产前基因检测'技术收集了超过14万名中国孕妇的部分基因组样本。'无创产前基因检测'是对孕妇少量游离DNA进行测序以检测染色体异常的一种技术"①。研究成果的共同作者为美国加利福尼亚大学伯克利分校综合生物学教授。有文章提出关于14万名中国孕妇的基因数据流入国外的可能。②

2018年10月26日，深圳证券交易所要求深圳华大基因科技服务有限公司就有关问题作出说明，包括行政处罚对公司经营状况的影响、公司采取的整改措施和效果，以及"中国人基因大数据基因组测序和分析"项目是否与外方机构存在合作、有无向外方泄露数据的风险。10月26日下午，深圳华大基因科技服务有限公司发表声明称，关于2015年国家科技部作出的行政处罚，公司已全面整改并已通过了科技部验收，科技部办公厅已于2017年1月20日批准其恢复开展人类遗传资源国际合作工作。关于"14万中国人基因大数据"研究的知情权，研究团队严格遵从《人类遗传资源管理暂行办法》（国办

---

① 周舟：《研究人员完成迄今最大规模的中国人基因组测序》，http://www.xinhuanet.com/2018-10/05/c_1123521243.htm，2020-07-18。

② 《华大基因被罚！14万孕妇基因组已流到国外》，https://www.sohu.com/a/271443798_100134748，2020-07-18。

发〔1998〕36 号）①和生命伦理原则规范。在接受无创产前基因检测前，受检者会签署知情同意书，同意其样本和数据供科学研究。研究披露的是群体分析结果，不包含任何可识别个人身份的信息。关于数据安全性问题，研究全部在中国境内完成，样本及数据全部保留在深圳国家基因库，不存在任何遗传资源数据出境的情况。研究中，国外学者并未参与任何接触到原始数据的分析工作，主要在科研思路、算法设计方面作出智力贡献。

2018 年以来，深圳华大基因科技服务有限公司多次登上负面舆论头条。虽然公司方面已出面解释澄清，但受网络舆论等因素的影响，截至 2018 年 10 月 26 日收盘，公司股价下跌 2.28%，与高峰期的千亿元市值相比大幅缩水。②

3. "云法案"的涟漪

2018 年 3 月 23 日，美国总统特朗普（Donald Trump）签署"云法案"③（the Clarifying Lawful Overseas Use of Data Act，CLOUD Act）。"云法案"不仅规避了美国宪法修正案第四条无证搜查排除原则，也对公法属地原则提出了挑战。2019 年，美国司法部启动了关于"云法案"的全球宣传行动，希望更多国家能够接受"云法案"提出的跨境调取数据模式，并加入这个由美国主导的数据跨境流动秩序。要想厘清"云法案"带来的错综复杂的争论，理性对待"云法案"倡导的数据监管模式，还得从"云法案"出台的背景说起。

"云法案"的出台源于一起毒品犯罪调查案。④ 2013 年，根据纽约南区联邦地区法院（一审法院）开具的开示令状（Search and Seizure Warrant），微软需向政府提供某一封邮件用户账户中的全部信息和记录。微软认为，此项令状所要求开示的证据内容部分存储于都柏林的数据中心，根据美国《存储通信法案》（Stored Communications Act）的规定，无须提交此部分内容，并且微软强调披露行为可能会违反欧盟相关个人信息保护规范。因此，微软向一审法院首席法官提出撤销调取涉及其存储于爱尔兰数据中心证据内容的动议。然而，一审法院并未批准，反而进一步要求微软按照开示令状的要求提供证据，同时判定微软的拒交行为构成藐视法庭。微软不服，上诉至美国联邦第二巡回法院（二审法院），要求撤销一审法院的两项判决。二审法院对于开示令状内容效力的认定

---

① 2019 年 3 月 20 日，国务院第 41 次常务会议通过了《中华人民共和国人类遗传资源管理条例》，自 2019 年 7 月 1 日起施行。

② 《华大基因回应"14 万孕妇基因外流"：自媒体张冠李戴，制造恐慌》，http://www.sohu.com/a/271557553_100191066，2020-07-18。

③ 因该法案缩写为 CLOUD Act，故中文译为"云法案"。

④ 《反对云霸权，欧盟尝试对美国云法案说"不"！》，http://www.sohu.com/a/297916293_120064559，2020-07-18。

主要依照美国 1986 年的《存储通信法案》，这部法案部分被 1994 年的《通信辅助法律执行法》(Communications Assistance for Law Enforcement Act) 和 2011 年的《爱国者法案》(US Patriots Act) 修订。《存储通信法案》隶属于《电子数据隐私法案》(Electronic Communication Privacy Act)，二审法院认定微软向用户提供的电子邮件服务兼具电子通信服务和远程计算服务的性质，所以适用于此法。依据美国的刑事侦查遵循令状原则①，即侦查机关在实施可能侵犯公民权利，特别是宪法性权利的侦查行为之前，必须取得司法机关签发的令状，并严格根据令状要求实施侦查行为。二审法院的核心问题在于美国纽约南区联邦地区法院签发的令状，即判定该令状是否有权要求微软交出存储于爱尔兰的数据，也就是开示令状管辖范围问题。二审法院最终的结论是开示令状不适用于域外，但并未使事件得到平息。司法部方面果断申请联邦最高法院介入，希望扭转二审判决。美国其他地区法院也纷纷签发类似开示令状，反对二审判决。此时，矛盾指向了国会。"云法案"出台后，司法部认为该法案解决了微软案件的核心法律问题，该案件"现在没有实际意义"。美国最高法院最终宣布双方之间没有任何争议，要求微软按照法案的最新规定提供爱尔兰服务器上的用户数据。

虽然"云法案"的出台源自微软案，但微软在"云法案"出台后表示了明确的支持态度，称法案提供了该公司所追求的法律清晰度，认为"云法案"是一个现代化的法律框架，符合当前云计算的社会背景，为海外服务器上的数据共享问题提供了法律基础，有利于科技行业捍卫全球用户隐私。

"云法案"为数据跨境流动提供了一个法律机会，美国政府开始在数据领域影响他国公民。根据"云法案"要求，微软、谷歌、亚马逊(Amazon)和 IBM 等美国企业在接到美国政府的令状时，必须提供服务器上存储的数据，无论这些数据是否存储于美国境内。包括欧盟成员国在内的国家对数据领域的权力划分产生了担忧。由于美国企业在行业内的垄断地位，他们控制着欧洲境内的大部分市场，相当于控制着欧盟大部分企业和公民的个人信息。②

"云法案"一方面减轻了侦查机关跨境调取证据的司法成本，顺应了全球化和信息化的时代要求；另一方面也挑战了他国数据本地化的权力主张。"云法案"不仅影响美国本土企业，包括微软、谷歌、亚马逊和 IBM 等；而且影响合资公司，如中国电信、中国移动等与美国本土服务商合作的公司；更加影响在美上市的中国互联网企业。当前，这些企业掌握大量涉及中国人的数据。未来，政府与企业之间的数据权属争议会成为公共事

---

① 令状原则源于美国《宪法修正案》第四条，旨在禁止无理搜查和扣押，并要求搜查和扣押的发出有相当理由的支持。

② 《美国云计算法案规定治外法权 引起欧盟强烈反弹》，http://www.sohu.com/a/297700757_100191015，2020-07-18。

务的焦点。当然，市场上也存在一些独立的、各国本地的电子通信服务提供者和远程计算服务提供者①。出于安全考量，用户是否会转向这类企业，使其有机会蚕食市场份额，"云法案"或许提供了改写市场格局的机遇。

4. 互联网巨头们纷纷陷入监管风波

"云法案"出台后，2018年5月25日，欧盟旋即出台被媒体誉为"史上最严个人数据保护法案"的《通用数据保护条例》(General Data Protection Regulation，GDPR)。"云法案"旨在授权美国政府可以不受数据的地域限制而要求电子通信服务提供者和远程计算服务提供者向政府披露存储于境外服务器上的电子证据，但是，《通用数据保护条例》则强调在未经当事人授权的情况下，企业不得使用所有能直接或间接识别的敏感信息。并且，该条例的适用范围包括任何为欧盟地区公民及住民提供服务的企业，只要存在收集、持有或处理欧盟国家公民及住民的数据，即便公司不在欧盟地区，也要受该条例的约束。就此，欧盟提出了"充分性认定"机制，由欧盟对单个国家、地区、国际组织或行业的个人数据跨境流动进行充分性保护评估。此后，脸书、谷歌、亚马逊等美国科技巨头纷纷在欧洲陷入监管风波。

《通用数据保护条例》正式生效仅5天即开出了一张2 000万欧元的罚单。2018年5月30日，英国监管机构向加拿大数据公司Aggregate IQ发出了该国首张GDPR执行通知。Aggregate IQ是一家关于政治咨询的数据分析公司，据英国媒体报道，脱欧游说组织曾支付给该公司270万英镑，要求其在英国脱欧公决期间对潜在投票人投放广告。该公司在与英国信息专员办公室沟通的过程中承认其仍持有英国公民的个人数据，信息专员办公室认为这种行为对相关公民造成了伤害，该公司违反了GDPR第5条和第6条规定，需在30天内完成整改。若逾期不合规，将面临2 000万欧元的罚款。②

战火同样烧到了中国企业身上。2018年年底，摩拜单车(Mobike)面临德国数据监管机构的调查。在一份发给英国《金融时报》(Financial Times)的声明中，柏林数据保护监管机构指出："柏林数据保护和信息自由专员已计划对共享汽车和共享单车公司展开调查……计划在未来一周内要求摩拜单车作出书面回应，并要求其回答一系列问题。"对共享单车和共享汽车平台的担心在于，它们通过用户使用服务所需的手机应用收集了大量数据，包括用户不使用相关单车或汽车时的准确位置。柏林数据保护专员有权依

---

① 电子通信服务(Electronic Communication Service)指向用户提供使其可以接收和发送有线或电子通信的能力的服务；远程计算服务(Remote Computing Service)指通过电子通信系统向公众用户提供存储和处理服务。

② 《首张GDPR执行通知发出 逾期未合规将罚款2 000万欧元》，http://www.sohu.com/a/255983006_490113，2020-07-18。

据《通用数据保护条例》处罚违反数据规则的公司，罚款金额为年度营收的4%与2 000万欧元之较高者。

根据摩拜单车全球版官网的介绍，摩拜单车用户数据可能被传输至中国和新加坡。由于这两个国家尚未通过欧盟委员会的充分性认定，摩拜单车需基于用户同意进行数据跨境传输，用户必须在隐私政策条款中相关内容前勾选"同意"，才能使用单车服务。不过，有法律专家认为，获得用户的"同意"仅能适用于单次或个人的数据传输，无法作为常态化的、大规模数据传输的合规依据。[①]

结束语

我国于2017年6月1日起施行的《中华人民共和国网络安全法》（以下简称《网络安全法》）同样对数据跨境流动作出了规定，该法第三十七条规定，"关键信息基础设施的运营者在中华人民共和国境内运营中收集和产生的个人信息和重要数据应当在境内存储。因业务需要，确需向境外提供的，应当按照国家网信部门会同国务院有关部门制定的办法进行安全评估；法律、行政法规另有规定的，依照其规定"。

苹果公司从2018年2月开始将中国内地的iCould服务转由"云上贵州"公司负责运营，所有Apple ID为中国用户的数据都被转移到该公司位于贵州的服务器中。依照《网络安全法》规定，当美国政府要求苹果公司按照"云法案"提供数据时，公司一方面必须执行"云法案"，另一方面也必须根据《网络安全法》进行安全评估。如果未经中方批准，其向美国政府提供数据的行为将受到中国制裁。这形成了中国《网络安全法》与美国"云法案"之间的事实冲突。

随着全球化的不断加强和互联网的不断普及，数据跨境流动日益频繁。数据跨境流动中涉及的数据不再局限于"个人数据"方面，其所带来的利润和风险也引起了广泛关注。目前，对数据跨境流动进行监管和规制已成为各国共识，但是对于其中的一些问题尚存在争议。比如，如果同一跨国组织、跨国公司组织内部的数据传输跨越了国界，是否应受到规制？当前问题的焦点在于如何平衡促进数据流动性与防范数据跨境流动风险。毕竟，在信息社会，确保数据的流动性有助于经济发展和社会福祉。

思考题

1. 如何界定跨境数据流动的"境"？

---

① 托拜厄斯·巴克著，何黎译：《因涉嫌违反GDPR，摩拜单车面临德国数据保护监管机构的调查》，http://www.sohu.com/a/281194922_733746，2020-07-18。

2. 跨境数据流动的规制博弈中，争议的焦点是什么？

3. 如何平衡促进数据流动性与防范数据跨境流动风险？

案例教学使用说明书

课前准备

1. 检索并阅读亚太经济合作组织《跨境隐私规则体系》(Cross-Border Privacy Rules)、欧盟《通用数据保护条例》(General Data Protection Regulation)、美国"云法案"(the Clarifying Lawful Overseas Use of Data Act)、俄罗斯《关于信息、信息技术和信息保护法》修正案及个别互联网信息交流规范的修正案》《就"进一步明确互联网个人数据处理规范"对俄罗斯联邦系列法律的修正案》，以及《中华人民共和国网络安全法》。

2. 检索并分析国际社会跨境数据流动相关的司法判例。

3. 检索并阅读上海社会科学院互联网研究中心发布的《全球数据跨境流动政策与中国战略研究报告》，麦肯锡全球研究院的《数字全球化：全球流动的新纪元》(Digital globalization：The new era of global flows)、《全球数据和信息的流动》(Globalization goes digital)，全球移动通信联盟协会(GSM Association)的《区域隐私框架与跨境数据流动》(Regional Privacy Frameworks and Cross-Border Data Flows)等跨境数据流动相关的研究报告。

教学目标

1. 理解：跨境数据流动的核心冲突是数据自由流动与数据权保护。

2. 掌握：国际社会与跨境数据流动相关的政策规则。

3. 反思：数据是否有国界？

要点分析

1. 作为一种权力和权利的数据

按照国际标准化组织的定义，就人类的行为及活动而言，一般意义上的数字、文字、声音、图形、图像等经编码后都可被视为数据。互联网时代，新一代信息通信技术的快速发展和广泛普及为数据的全球流动提供了现实基础，跨境数据流动成为常态。在这个过程中，人们逐渐认识到数据是一种生产要素，是资源、资产和生产力。随之而来的是，数据意味着权力和权利。

权力有三张面孔。20世纪50年代，达尔(Robert A. Dahl)定义了权力的第一张面孔，即命令他人违背其最初偏好和战略而行事的能力。20世纪60年代，巴克拉克(Peter Bachrach)和巴拉茨(Morton S. Baratz)在《权力的两面》(*Two Faces of Power*)

一书中，给出了权力的第二张面孔，即如果人们接受制度的合法性或构建议程的社会话语，那么权力可以通过控制行动议程而获得，不需要命令即可改变其行为，并且人们可能就不会感受到权力对其造成的过度束缚。20世纪70年代，卢克斯(Steven Lukes)定义了权力的第三张面孔，即通过影响人们对合法性与可行性的预期塑造其基本信念、认知和偏好，使其不大可能意识到权力的影响。

现如今，数据在网络空间的收集、处理及传播，显然可以影响甚至控制行动议程，也可以影响人们对合法性与可行性的预期。无论是商业领域精准的个性化定制营销，还是政治领域基于用户画像的选民动员，实践中已经出现了一个又一个的鲜活案例。用约瑟夫-奈(Joseph S. Nye)的话来说，"进入21世纪，所有国家都面临权力转移的难题"。权力不仅在不同国家间转移，而且从国家行为体向非国家行为体扩散，这一扩散主要基于以互联网的兴起为代表的信息技术变革。在这一进程中，对数据收集、处理及传播的掌控成为重要影响因素。这一现实情况使传统的国家主权概念有所发展，地理要素不再是国家主权的唯一识别码，数据主权逐渐成为国家主权的重要构成要素。在传统的主权概念中，国家主权包括对内最高统治权和对外独立权，以国家的地理疆域为界限。基于这一概念，数据主权即一国对数据和与数据相关的技术、设备、服务商等的管辖权及控制权，这包括域内最高管辖权和域外独立自主权，可以被分解为对数据的所有权、控制权、管辖权和使用权。其中，管辖权的范围既包括疆域内数据管辖，也包括一国公民跨境数据的管理。①

权利的本质是主体的自由意志，客体就是权利的外部规定性的存在，并以一个相对固定的方式将权利固定下来。数据权利决定着数据价值利益的分配，以及对数据质量、数据安全等责任的界定。② 权利是法学理论最本质的范畴，法学界关于数据权利的文献很多，但并未达成共识。通常认为数据权利属于民事权利，是主体以某种正当的、合法的理由要求或呼吁承认主张者对数据的占有，或要求返还数据，或要求承认数据事实(行为)的法律效果。③ 作为一种新型的民事权利，数据权利具有财产权和人格权特征。也就是说，数据权利具有经济价值、可以转移，权利客体具有财产属性。与传统人格权不同的是，数据权利是保护任何精神利益和财产利益的统一体。我们也要认识到，作为权利客体的数据与现有民事权利客体的自然属性存在很大差异，导致实践中的立法、执法均面临着全新的挑战。

以被遗忘权为例。通过对"谷歌诉冈萨雷斯被遗忘权案"的判决，欧盟法院正式确立

---

① 孙南翔、张晓君：《论数据主权——基于虚拟空间博弈与合作的考察》，载《太平洋学报》，2015，23(2)：63-71。

② 连玉明：《数权法1.0：数权的理论基础》，北京，社会科学文献出版社，2018。

③ 李爱君：《数据权利属性与法律特征》，载《东方法学》，2018(3)：64-74。

了被遗忘权。权利主体为欧洲普通公民，除公众人物外的所有普通公民无差别地享有可以要求控制者删除包含"不好的、不相关的、过分的"信息链接的权利。同时，欧盟法院也对被遗忘权的内容作出了诸多限制，如权利主体只能针对互联网上目前存在的、可以通过搜索引擎找到的、针对自身的"不好的、不相关的、过分的"个人数据提出删除要求，并需要承担何为"不好的、不相关的、过分的"的举证责任。[1] 显然，对于权利主体而言，在互联网空间的海量数据中发现被侵权的概率非常小。即便发现了权利被侵犯的情况，举证的维权成本也会非常高。

2. 跨境数据流动的治理：一场关于数据资源和话语权的争夺战

经济合作与发展组织（Organization for Economic Co-operation and Development，OECD）早在 20 世纪 70 年代就开始关注技术发展带来的数据跨境问题，并出台了与个人数据跨境流动相关的指导原则。[2] 1985 年，OECD 发表宣言提出跨境数据流动需要具备的两个条件：一是数据可被计算机识别，二是数据要在国际层面进行流动。[3] 按照 OECD 的定义，跨境数据流动是指点到点跨越国家、政治疆界的数字化数据传递。显然，这里的"境"是指国境。但是，伴随着越来越多的互联网平台企业在全球层面布局，另一种观点甚嚣尘上，即认为"境"是组织的边界。按照这种定义，如果某互联网平台企业在某国家的分支机构将数据传回总公司所在地，并不会被归入"跨境数据流动"的范畴。

伴随着数据对经济社会文化政治重要性的不断凸显，数据被认为是"新一代的石油"。国际组织与主权国家，甚至包括一些全球性的互联网平台企业，纷纷发力，关注并参与跨境数据流动的治理。

对比 20 世纪 90 年代欧盟提倡的约束性企业规则（Binding Corporate Rules，BCRs）和亚太经合组织（Asia-Pacific Economic Cooperation，APEC）提倡的跨境隐私保护规则（Cross Border Privacy Rules，CBPR），不难看出其中的激烈博弈。两者的共同点是，均要求数据出口必须承担对数据入口资质核查的责任。BCRs 框架要求实现"严进"政策，由欧盟委员会确认数据入口方所在国家是否达到"充分性保护水平"。CBPR 框架下并无针对第三国的准入审查，但数据传输被限制在 CBPR 签约国之内。

在区域和国家层面，各国纷纷通过立法谋求将数据流动控制在自己的规则之内，尽

---

① 杨立新、韩熙：《被遗忘权的中国本土化及法律适用》，载《法律适用》，2015(2)：24-34。

② OECD, "Guidelines on the Protection of Privacy and Transborder Flows of Personal Data," http://www.oecd.org/sti/ieconomy/oecdguidelinesontheprotectionofprivacyandtransborderflowsofpersonaldata.htm，2020-05-13。

③ OECD, "Declaration on Transborder Data Flows," http://www.oecd.org/sti/ieconomy/declarationontransborderdataflows.htm，2020-05-13。

可能实现己方的最大利益。按照立法的价值取向，大致可划分为4类：一是以美国为代表，极力鼓吹数据自由流动。二是以欧盟为代表，对内促流动、对外严管控。在区域内支持成员国间的数据流动，而区域外的数据流动将面临传输目的性限制、保护措施限制等严格监管。三是以俄罗斯为代表，强制要求数据必须在俄境内实施存储、处理等操作。四是以澳大利亚为代表，采取折中型价值取向，提出分级分类监管。①

"云法案"的出台给全球敲响了警钟，打响了一场关于数据资源和话语权的争夺战。一方面，"云法案"明确规定"无论通信、记录或其他信息是否存储在美国境内"，电子通信服务提供者和远程计算服务提供者均应当履行法律义务。当然，他们也拥有"抗辩"的权利。当他们合理地认为同时存在如下情况时，可提出"撤销或修正法律流程的动议"：一是目标对象不是"美国人"（the United States Persons）②且不在美国居住；二是披露内容的法律义务将给服务提供者带来违反"符合资格的外国政府"（qualifying foreign governments）立法的实质性风险。另一方面，"云法案"允许"符合资格的外国政府"在与美国政府签订行政协定后，向美国境内组织直接发出调取数据的命令。判定是否"符合资格"的核心准绳是"外国政府的国内立法，包括对其国内法的执行，是否提供了对隐私和公民权利足够的实质和程序上的保护"，判定"符合资格"的流程是美国总检察长（连同国务卿）向国会提交书面报告。"云法案"对"符合资格的外国政府"向美国境内组织直接发出数据调取命令作出了规定，包括：外国政府颁发的命令不得用于限制言论自由；外国政府发出的数据调取命令应与预防、侦破、调查、起诉严重犯罪（包括恐怖主义）相关；调取命令应限定于特定的个人、账号、住址、个人设备等；外国政府要求服务提供者提供数据时，应具备国内法的明确授权，且具备合理事由（如基于可信、可描述的事实，特别是调查所针对行为的违法性、严重性）；调取命令应受本国法院、法官、治安法官或其他独立机构的审核和监督；当调取命令涉及拦截监听实时通信或延长监听时限时，监听应该有固定期限且不得超过完成命令所合理必需的时间，且应以使用其他入侵性更少的方式无法合理取得同样的数据为基础，等等。

在争夺网络空间数据资源的过程中，各国纷纷加速实施数据领域的主权控制，抢占规则制定的话语权。比利时、法国等欧盟成员国尝试出台一些规定限制美国政府可能滥用《云法案》的行为，爱尔兰政府则明确表示不希望美国企业将爱尔兰境内的数据提交给美国政府，除非美国和爱尔兰政府通过双方司法协助实现合作。跨境数据流动治理适用的国际规则尚处在"试水期"，谋求本国利益最大化是产生冲突的原因。一个有趣的现象是，由于活跃用户和优质数据是网络空间的稀缺资源，为最大限度抢占这些资源，互联

---

① 胡炜：《跨境数据流动立法的价值取向与我国选择》，载《社会科学》，2018（4）：95-102。

② 美国人是指美国公民或国民、合法承认为永久居民的外国人、其中相当数量的成员是美国公民或拥有合法承认的永久居留权的外国人的法人团体，或在美国注册成立的公司。

网平台企业不约而同地选择主动适用所在国法律，在各国规定间穿梭游说。未来，如何维护本国利益，谋求共同发展，仍然存在很大的不确定性。

3. 网络空间命运共同体视域下跨境数据流动亟待全球合作治理

立足市场，数据跨境流动为服务业、制造业创造了价值，降低了国际贸易的交易成本，带来了全球经济总量的增长。立足国家，数据跨境流动给政治安全、经济安全以及数据安全带来了巨大风险。如果数据流出方和数据流入方都追求己方利益，流出方所在国势必会竭力限制数据流动，而流入方所在国竭力激励流动，二者不可避免会产生冲突，无形中加大数据跨境流动的交易成本，有损于数据价值的发挥。同时，与其他生产要素流动不同的是，数据跨境流动监管难。在监管目标上，既要维护数据主权，保障民事权利，又要促进数据流动；在监管工具上，监管部门在技术工具方面弱于市场部门，各方在政策工具上难以达成共识。这需要我们换一种思路来解决问题。

2015年12月16日，国家主席习近平在第二届世界互联网大会开幕式上的主旨演讲中指出，互联网是人类共同的家园，各国应该共同构建网络空间命运共同体，推动网络空间互联互通、共享共治，为开创人类发展更加美好的未来助力。"网络空间命运共同体"的基本理念是尊重网络主权、坚持维护和平安全、促进开放合作、构建良好秩序，这为跨境数据流动的治理提供了基本遵循。

跨境数据流动治理应坚持多边参与，反对单边主义，发挥国际组织、各国政府、互联网企业、技术社群、民间机构以及网民等各利益相关方的主体作用，完善对话协商机制，加强沟通交流，共同研究制定规则，平衡大多数主体的意愿和利益，促进公平正义、公正合理。无论是数据流出方还是流入方，都需要承担起各自的责任，在享受数据流动带来收益的同时，履行各自的义务。

推动跨境数据流动的合作治理需要探索和衷共济、合作共赢的新路子。之所以说是"新"路子，是因为作为生产要素的数据和战略资源与资本、人才等相比，具有完全不同的属性特征，并且针对跨境数据流动的合作治理没有经验可循。这里有几个核心议题需要研究讨论并探索实践，一是如何根据数据属性确权；二是在数据资源占有、数据能力发展不平衡的现状下，如何搭建多方参与、平等协商的对话机制；三是当越来越多国家开始全面加强跨境数据流动监管时，如何增强战略互信，缓解信任危机，保证跨境数据必需的流动性；四是在各国开征数字税已成定局的形势下，跨境数据流动是否会出现转向；五是如何解决跨国、跨行政区划的司法管辖权冲突。

立足技术，数据无国界；但立足权属，数据有国界。针对跨境数据流动带来的机遇与挑战，合作要优于独闯。然而，真诚合作以有理性的共识为前提。跨境数据流动在哪些方面能够达成国际共识，仍旧是未知数。但有一点是肯定的，平等互利、和平利用数据资源总要优于数据战。

扩展阅读文献

[1]贾开. 跨境数据流动的全球治理：权力冲突与政策合作——以欧美数据跨境流动监管制度的演进为例[J]. 汕头大学学报(人文社会科学版)，2017，33(5)：57-64.

[2]吴沈括. 数据跨境流动与数据主权研究[J]. 新疆师范大学学报(哲学社会科学版)，2016，37(5)：112-119.

[3]肖冬梅，文禹衡. 数据权谱系论纲[J]. 湘潭大学学报(哲学社会科学版)，2015，39(6)：69-75.

案例 12
从信息大篷车说起：印度的互联网接入

案例正文

【摘要】互联网接入不平等是妨碍电子政务惠及全民的因素之一，同时也导致了信息分化，加剧了社会分层。国际电信联盟发布的数据显示，截至 2018 年年底，未接入互联网的人口中约有四分之一在印度。莫迪政府始终大力推动网络基础设施建设，印度市场吸引了来自全球各地的企业投身于互联网接入。在这一过程中如何推进电信普遍服务，是否应坚持网络中立性，如何处理政府、市场与网民的关系，印度的探索引发我们的思考。

【关键词】信息基础设施；普遍服务；网络中立性；公共池塘资源；数字印度

引言

1969 年，互联网的前身阿帕网（Advanced Research Projects Agency Network）只在美国设立了 4 个节点。一年后，阿帕网的节点扩大到 15 个。1973 年，阿帕网跨越大西洋与英国、挪威实现连接，开始了世界范围内的登录。1983 年，TCP/IP 成为人类至今共同遵循的网络传输控制协议。1987 年 9 月 20 日 20 点 55 分，按照 TCP/IP 协议，一封以英德两种文字书写，意为"跨越长城走向世界"的电子邮件从中国到达德国。1994 年 4 月 20 日，中国实现与互联网的全功能连接，成为接入互联网的第 77 个国家。[①] 互联网以前所未有的速度在全球范围内普及，从发明到拥有 5 000 万用户仅用了 4 年时间，而电话用了 75 年、收音机用了 38 年、个人电脑用了 16 年、电视机用了 13 年。[②] 但是，

---

① 中央电视台大型纪录片《互联网时代》。
② 数据源自 U. S. Department of Commerce，The Emerging Digital Economy 1998。

这种爆炸性增长极不平衡。

最早关注到互联网接入不平衡问题的是互联网的诞生地美国。自 1995 年起,美国国家远程通信和信息管理局(National Telecommunications and Information Administration)先后 4 次发布题为《在网络中落伍》(Falling Through the Net)的报告。国际电信联盟发布的数据显示,截至 2018 年年底,全球有 51.2% 的个人使用互联网。发达国家中有 80% 的人在线,达到饱和水平;47 个最不发达国家(Least developed country)中互联网使用率仍旧相对较低,80% 的人尚未使用互联网。[①] 在未接入互联网的人口中,约有四分之一在印度。

1. "数字印度"战略:建设人人受益的网络基础设施

2015 年 7 月,莫迪政府(Modi Administration)提出了"数字印度"战略,计划投入 180 亿美元,在未来 5 年内通过高速互联网连接地方政府,使用光纤连接印度全境的 60 万个村庄,从而建立起更可靠的网络基础设施。同期,全球已有超过 120 个国家和地区实施了宽带战略或行动计划。

莫迪堪称印度第一个"网络总理",他喜欢手机自拍,玩转社交网络,在推特(Twitter)上拥有 1 300 万个粉丝。尽管莫迪政府已经建设了多个项目,但"数字印度"战略的实施依旧面临巨大挑战。正如前任政府 2011 年提出建立连接全国的光纤网进展缓慢那样,截至 2015 年 4 月底,印度全国近 13 亿人口中只有刚过 1 亿人使用宽带服务。[②]

有研究表明,印度使用手机的女性仅占 28%。在距离印度第 6 大城市艾哈迈达巴德(Ahmedabad)不远的一个小村庄 Suraj,未婚女性被禁止使用或拥有手机,如果被发现使用手机,这名女性将被处以 2 100 卢比的罚款,其中的 200 卢比则会奖赏给线人,整个村庄有 2 500 人赞成这一决定。在印度,普及互联网接入显然不仅仅是一个技术问题,在很多地方还是社会问题,也是文化问题。

印度普及互联网接入的努力由来已久。1995 年,印度互联网投入运营,当年网民数量破万。经过 15 年的缓慢发展,2010 年,网民数量达到 6 600 万,互联网普及率达到 5%。这期间,政府曾推广过"信息大篷车",以汽车为载体,配置终端、上网设备等,具备互联网接入功能。这种"信息大篷车"在偏远地区间巡游,保障这些地区的公民能够借助这一移动空间接入互联网。从 2010 年进入 3G 时代开始,印度互联网发展进入了快车道。2014 年,互联网普及率提升 10 个百分点,达到 15%,网民数量近 2 亿,在 5 年

---

① 数据源自 ITU, Measuring The Information Society Report 2018。

② 《投入 180 亿美元 莫迪大力推动"数字印度"》,http://www.xinhuanet.com//world/2015-07/03/c_127977662.htm,2020-07-18。

时间内走完了相当于过去 15 年两倍的路。① 尽管如此，印度的互联网普及率依然很低，绝大部分的人口仍与网络绝缘。截至 2018 年 6 月，印度联网用户共有 5 亿，其中高速网络用户（3G、4G 和宽带连接）为 4.47 亿。4.47 亿用户中仅有 2 100 万连接有线网络，其余均为 3G/4G 手机用户。也就是说，绝大多数的用户都没有经历过桌面互联网，直接从手机开始使用互联网。当前，印度是世界上移动互联网流量占总流量比例最高的国家之一。

2. 印度市场吸引企业投身互联网接入的普及

对于互联网企业而言，印度是一块令人垂涎欲滴的市场，一方面是因为其庞大的人口基数，另一方面源于其较低的互联网普及率。即便互联网普及率较低，庞大的人口基数仍然使印度具有巨大的市场规模，脸书、WhatsApp 用户数最多的国家就是印度。探探（Tinde）的数据显示，世界上左右滑动最多的 10 个城市中有 4 个位于印度。

2013 年，脸书启动了 Internet.org 项目，向发展中国家用户提供免费的互联网接入服务，重点为全球三分之二没有联网的人口提供互联网服务。该计划分为数个项目，第一个大项目是 Free Basics，致力于让互联网成为可以被贫困地区负担的服务。但是，印度政府出于网络中立原则禁用了 Free Basics 服务，脸书也表示不会再在印度提供这项服务。2015 年 10 月，脸书创始人兼首席执行官扎克伯格（Mark Elliot Zuckerberg）在印度理工学院发表演讲，他认为，"印度是全球最大的国家之一，而印度仍有 10 亿人尚未连接至互联网。如果我们希望连接全球所有人，但有这么多人无法获得基本的互联网接入服务，那么就不可能实现这一目标"。扎克伯格在演讲中也回应了备受争议的 Internet.org 项目，认为该项目与网络中立性原则无关。脸书在 Internet.org 平台内策划了一个名为 Express Wi-Fi 的项目，希望为印度农村地区带来廉价的上网服务。脸书还与印度国有运营商 Bharat Sanchar Nigam 合作在农村地区测试廉价 Wi-Fi 服务，同时也在寻求利用其他方式提供互联网接入服务，如太阳能飞机，以及运行在较慢的 2G 网络上的"轻数据"应用。

2015 年 9 月，印度总理莫迪访问美国谷歌总部。谷歌表示，通过与印度最大的铁路运营商以及一家大型光纤互联网服务提供商结盟，谷歌将在未来数年内向印度的 400 座火车站提供免费 Wi-Fi 服务。按照潜在用户量计算，印度火车站免费 Wi-Fi 服务将成为印度最大的公用 Wi-Fi 项目，也将是全球最大的公用 Wi-Fi 项目之一。

2016 年 9 月，印度首富 Mukesh Ambani 推出了一个疯狂的移动网络——Reliance

---

① 孙良：《印度：两轮政策驱动风口之后，机遇犹存》，http://www.sohu.com/a/205088400_114819，2020-07-18。

Jio，新用户可以获得 6 个月的免费 4G 高速互联网。两年后，Jio 收获了超过 2.5 亿的用户群，用户增长速度让世界上任何一个电信运营商汗颜。

3. 互联网接入"提速降费"在印度

阿卡迈（Akamai）的数据显示，截至 2016 年第四季度，印度（5.6 Mbps）和菲律宾（4.5 Mbps）再次成为亚洲平均网速垫底的两个国家，但印度 2016 年第四季度的平均网速比 2015 年同期提高了一倍（增速 99％），是亚洲国家网速提升第二快的国家。同期，印度 4 Mbps 宽带接入率的增长达到 28％；10 Mbps 的宽带接入率在亚洲国家中排名第 12 位（14％）；15 Mbps 速度的宽带服务主要集中在一线城市，只有 7.3％的 IPv4 网址达到这一网速，在亚洲排名第 10 位。由于印度着力改善网络基础设施，其平均网速已跻身全球平均网速最快的前 100 个国家（排名第 97 位），这足见"数字印度"战略取得的实效。①

根据国际电信联盟的统计，2013—2016 年，包括每月 500 MB 在内的手机移动宽带价格在全球范围内呈下降趋势，2017 年稳定在每月 9.3 美元。发展中国家价格的大幅下降，促进了全球平均价格的下降。基于计算机的移动宽带价格，包括每月 1 GB 的宽带与基于手机的移动宽带价格趋势相当。虽然发展中国家和最不发达国家的价格持续下降，但平均数据额度继续增加。例如，在最不发达国家，基于手机的移动宽带数据额度从 2014 年的每月 800 MB 增加到 2017 年的每月 1 GB，基于计算机的移动宽带数据额度从每月 1.7 GB 增加到 3.2 GB。

然而，印度网络发展情况仍然喜忧参半。喜的是印度最大电信服务商 Bharti Airtel 推出了 V-Fibre 宽带，承诺网速为 100 Mbps，这一高速宽带计划在印度城市地区推出。忧的是印度实际最低下载速度仅为 512 Kbps，远低于电信监管部门建议所有有线宽带的最低下载速度（2 Mbps）。

在印度，Reliance Jio 的推出迫使其他电信商提速降费，在很大程度上促进了印度网络基础设施的发展。按照国际电信联盟的倡议，到 2020 年，全球 100％的用户都能以 20 美元的价格使用 20 Mbps 的宽带。与这个发展目标相比，印度互联网接入的"提速降费"仍旧在路上。

结束语

要想使网路更宽，就需要投资，或者需要出现技术创新，二者都需要时间。投资可以人为掌控节奏，技术创新的结果却常常失控。但不要忘记，对每个网民而言，如果网

---

① 数据源自阿卡迈，2016 年第四季度各国互联网报告。

络扩容速度比不上全体网民使用流量的增长速度，你的体验终归是网速越来越慢。那该怎么办？价格是时候大显身手，发挥调节作用了。

诺贝尔经济学奖获得者埃莉诺·奥斯特罗姆（Elinor Ostrom）认为，互联网属于公共池塘资源，正如渔场、地下水流域、牧区、灌溉渠道等一样，它供个人享用但又难以排他。为保障公共利益，当我们一视同仁地普遍降低网费后，网速是改善还是恶化主要取决于每个网民的上网行为——是选择"合作"还是选择"逃避责任"。合作是指在冲突时公共利益优先于个人利益，如在网络繁忙时选择停止访问；逃避责任就是毫不自律，无论网速如何，用户都贪婪地消耗带宽。这就好比是一片牧场，如果每个牧羊人都选择贪婪、无序，那么势必导致绿洲变戈壁。如何让每个用户都能拥有较快的网速，这其实是互联网用户之间的博弈。按照这一逻辑继续思考下去，降低网费之后，提高网速成为一个组织问题——如何改变占用者独立行动的情形，将其改变为占用者采用协调资源策略以获得较高收益或减少共同损失，需要通过资源占用者的自组织行为来避免"互联网悲剧"，这是比扩容更加遥远的期待。①

思考题

1. 在普及互联网接入的过程中，政府和市场的边界在哪里？
2. 互联网接入是否需要坚持网络中立原则？
3. 互联网接入为什么需要"提速降费"？

案例教学使用说明书

课前准备

1. 检索并阅读《数字印度》（Digital India）战略。
2. 检索并阅读阿卡迈（Akamai）、国际电信联盟发布的最新版互联网现状报告。
3. 检索并阅读印度莫迪政府2018年批准网络中立性原则事件，以及美国特朗普政府2019年废止网络中立性原则事件的始末。

教学目标

1. 理解：以互联网为代表的信息基础设施是国家基础设施的重要组成部分，属于公

---

① 孙宇：《互联网笔记》，北京，电子工业出版社，2016。

共池塘资源。

2. 掌握：电信普遍服务传达了普遍、平等、可支付三个方面的基本含义，蕴涵着保障基本人权、促进社会公平、平衡区域发展的丰富内容，已经逐渐扩展到互联网、宽带等相关业务领域，是消除数字鸿沟的关键环节。

3. 反思：涉及网络接入的公共政策是否应坚持网络中立性原则？

要点分析

1. 电信普遍服务是普及互联网接入的必要途径

受地理环境、人口居住、经济基础、使用习惯等的影响，如果开通及维护互联网接入的成本远远高于收益，便会存在市场失灵问题。加之互联网的外部性、互联网接入服务的必需品性质、区域发展规划、实现收入再分配等因素的影响，导致了普遍服务需求的产生。

互联网接入原本并不属于电信普遍服务的范畴。随着经济、政治、社会、文化以及环境对互联网的依赖程度越来越高，互联网接入甚至是宽带接入被纳入普遍服务的范畴。这一服务的要旨是让"任何人在任何地方、任何时候都能以承担得起的价格享受互联网接入服务，而且服务质量和资费平等"。

虽然政府在推进电信普遍服务中责无旁贷，但企业仍旧是电信普遍服务的市场主体。在竞争的市场环境下，政府有义务保障"公平"，即任何企业都不能得到相对于其他企业的特殊收益或遭受相对于其他企业的特殊损失。立法监管、经济监管和行政监管是最大化社会福利的必要手段。其中，包括法律、行政法规、地方性法规和行政规章等在内的立法监管是基础，税收、交叉补贴等是常见的经济监管手段，行政许可、行政处罚等则属于行政监管的范畴。当然，在市场经济环境下，我们需要把行政监管控制在必要的范围内。

电信普遍服务的实施具体体现在两个方面，即筹集普遍服务资金和使用资金提供普遍服务。普遍服务的资金来源于多个渠道，如政府或电信运营商直接提供资金、电信频率拍卖或经营许可证中获得的收入、电信运营商收取的用户费用、国际组织提供资金等。筹资渠道的差异直接影响普遍服务的效果，需要监管机构平衡经济效率、管理效率和可持续性，通过一种经济效率损失少并且高效、透明的方式筹集资金，形成相对稳定的资金来源。使用资金提供普遍服务的关键在于如何确定补偿对象，以及如何选择提供普遍服务的运营商。针对这一问题，不同国家选择了不同方案。通常，农村地区、贫困地区、弱势群体是普遍适用的补偿对象，公开竞标则是选择运营商的常见方式。

2. 网络中立的争论

实践中，网络中立的思想可以追溯到 1934 年。美国 1934 年《电信法》明确要求，任何经营电话业务的公司不得阻碍接通非本公司用户的电话。伴随着互联网的普及，这种思想延展到了互联网领域。2002年，吴修铭(Tim Wu)在《网络中立与宽带歧视》(Network Neutrality，Broadband Discrimination)一文中正式提出网络中立(Network Neutrality)概念，但未直接给出明确定义，而是将其表述为开放接入(Open Access)和宽带歧视(Broadband Discrimination)两种行为可能导致的结果。同年11月，美国宽带用户和创新者联盟在给美国联邦通信委员会(Federal Communications Commission，FCC)时任主席麦克·鲍威尔(Michael Powell)的政策评论中引用吴修铭的网络中立理念，并将其陈述为"FCC应采取适当措施，防止网络所有者歧视对待那些不附属于电信运营商的网站、应用、服务或设备，以确保消费者和互联网用户能够持续享有公平接入合法内容和业务的权利"。

　　作为一种原则，网络中立的定义至今没有形成统一表述。典型表述包括："网络中立可界定为在不同数据传播网络之间的非歧视互联，允许用户接入内容，运行服务和应用他们所选择的设备。"[1]"网络中立是这样一种原则，即依赖公共产权的网络拥有者不能运用他们的所有权区别对待客户。互联网应尽最大的努力确保所有内容能得到平等对待。"[2]"在任何定义下，中立网络不应基于内容、信源、信宿或任何其他数据特征，以一种任何终端用户、内容提供商或应用提供商不想要的方式来偏爱信息流。在一个促进创新和投资的环境里向网络用户提供无偏见的内容或服务选择是基本原则。"[3]

　　从操作定义的视角看，有观点认为，网络中立的要素包括连接中立(connectivity neutrality)、表现中立(performance neutrality)、服务中立(service neutrality)和跨层中立(cross layer neutrality)。[4] 其中，连接中立涉及每层端对端服务；表现中立是指以可衡量、全面和透明的方式来界定服务质量协议的规则；服务中立是指以一种允许跨提供商/跨平台的方式获得诸如多路接入、移动网络等新网络服务而界定的规则；跨层中立是指界定服务的联盟合作怎样建立，消费者如何在这些服务之间进行选择。还有观点认为，网络中立应包含：互联网服务没有不同的质量等级、互联网提供商之间没有价格歧视、不对内容和应用提供商收取垄断价格、不能为了传输服务提供商的内容而向他们收费、不能歧视与运营商自身内容相竞争的内容提供商、运营商不能对他们传输的内容有

---

①　Sascha D Meinrath，Victor Pickard，"The New Network Neutrality：Criteria for Internet Freedom,"TPRC，2006.

②　Weiss A，"Net Neutrality? There's Nothing Neutral about It,"NetWorker，2006，10(2)：18-25.

③　Mark Gaynor，"Valuing Network Neutrality,"Broad and Properties，2007(12)：73.

④　Crowcroft J，"Net Neutrality：the Technical Side of the Debate：a White Paper,"ACM SIGCOMM Computer Communication Review，2007，37(1)：49-56.

所选择、不能阻挡用户接入某些网站。①

公共政策中是否需要秉持网络中立原则，各方争论不休。以美国为例，小布什政府选择了适度规制的策略，主张对互联网基础设施监管推行模糊和不干预政策；奥巴马政府选择了严格规制，主张通过支持网络中立原则维护互联网的开放竞争；而特朗普政府于 2019 年废止网络中立性原则。网络中立的拥趸认为，网络中立能够保证无障碍获取信息的权利，能够防止控制数据，能够提供自由竞争和创新的环境，能够阻止伪服务，能够维护端到端的原则。反对方则认为，网络中立会抑制运营商对基础网络设施的投资，会导致新的歧视，会导致"搭便车"从而在客观上让高资费用户为低资费用户"交叉补贴"，会违背分层服务。

英国是欧洲地区为数不多的不存在网络中立争论的国家。之所以不存在争论，是因为英国选择了网业分离来实现网络中立。所谓网业分离是指将基础网络独立出来，与内容提供商分开建设、管理、经营，可以具有垄断性。而网络接入等业务向全社会开放，实现自由竞争，业务运用商向网络经营者支付接入费用。具体而言，就是线路的拥有者不得经营宽带业务，由宽带运营商在宽带接入市场展开竞争，线路拥有者为所有运营商提供无歧视的线路租赁业务。②

3. 作为国家信息基础设施的重要组成部分，互联网属于公共池塘资源

1993 年 9 月 15 日，在美国政府发表的"国家信息基础设施行动动议"（The National Information Infrastructure：Agenda for Action）文件中，"国家信息基础设施"（national information infrastructure）一词正式出现。

如今我们使用的互联网始于 1969 年美国的阿帕网，这是建立在"包交换理论"基础上的一个去中心化、分布式的网络系统。伴随着互联网的商用化，尤其是 21 世纪以来 Web 2.0、移动互联、社交网络等新技术应用的日臻成熟，互联网普及之快、覆盖之广、应用门槛之低，人类对互联网的依赖之强，使互联网成为日常生活的标准配置，也必然是国家信息基础设施的重要组成部分。因此，互联网不仅是推进国家治理体系和治理能力现代化的必要工具，同时也是国家治理的重要领域。

厘清治理对象的物品属性是开展治理的前提。经济学将物品分为两类，即私人物品（private goods）和公共物品（public goods）。萨缪尔森在《公共支出的纯粹理论》中给出了公共物品的完整定义，即"每一个个体对该物品的消费不会造成其他个人消费的减少"，并使用数学公式对纯粹的公共物品进行严格表述。实际上，并非所有的公共物品

---

① Taufick Roberto，"A Third Way for Net Neutrality，"Social Science Electronic Publishing，2016.

② 李浩田：《网络中立政策的演进与分析》，硕士学位论文，北京邮电大学，2012.

都是纯公共物品。根据排他性和竞争性程度的不同，我们通常将公共物品细分为纯公共物品、可市场化的公共物品和公共池塘资源。所谓公共池塘资源（common-pool resources）是同时具有非排他性和竞争性的物品，是一种人们共同使用整个资源系统但分别享用资源单位的公共资源。一般来说，公共池塘资源是一个资源系统，如牧场、地下水等。从这一角度来看，互联网也是一种公共池塘资源。

以奥斯特罗姆夫妇为代表的布卢明顿学派学者在开展大量案例研究的基础上，提出了公共池塘资源治理的第三条路径，当存在市场失灵、政府失灵时，我们可以选择准市场、非市场等不同的制度安排。奥斯特罗姆夫妇的团队提出了共同生产者（co-producers）概念。简言之，消费者在公共服务的生产过程中不是被动的，而是主动介入，与生产者共同决定实际的有效产出。这无疑为制定互联网接入政策提供了一种新思路。

扩展阅读文献

[1]杨永忠. 自然垄断产业普遍服务的理论基础、成因与政策[J]. 生产力研究，2006(2)：180-182.

[2]Wu T. Networkneutrality，Broadband Discrimination[J]. Journal of Telecommunications and Rligh Technology Law，2003，2：141.

[3]Parks R B，Baker P C，Kiser L，et al. Consumers as Coproducers of Public Services：Some Economic and Institutional Considerations[J]. Policy Studies Journal，1981，9(7)：1 001-1 011.

案例 13
在线学习平台让公民插上
信息素养的"梦之翼"

案例正文

【摘要】公民信息素养的高低直接影响电子政务发展水平，直接影响电子政务是否能真正惠及全民。在推进电子政务建设的过程中，各国纷纷探索如何利用在线学习平台改善公民信息素养，如中国"学习强国"平台、韩国"梦之翼"在线学习门户等。然而，这些在线学习平台如何扩大用户群体，如何提升用户黏性，如何更有针对性地服务于公民信息素养的提升，均有待进一步加强理论研究和实践探索。

【关键词】信息素养；在线学习平台；干中学

引言

影响电子政务发展水平以及使电子政务"惠及全民"的关键因素是人，公民信息素养(information literacy)的高低决定电子政务实效。1974 年，时任美国信息产业协会主席泽考斯基(Paul Zurkowski)将信息素养定义为"经过训练能够在工作中运用信息资源的技能"。在 2003 年 9 月召开的联合国信息素质专家会议上，来自 23 个国家、代表 7 大洲的 40 位代表讨论了信息素养议题，认为如何使人们从互联网时代的信息和通信资源及技术中受益是当今社会面临的重要挑战，并宣布信息素养是终身学习的一种基本人权，获得信息素养是人的正当权利。如今，信息素养的内涵已从狭义的信息技能延展为个体所具备的多种信息品质，包括信息道德、信息意识、信息觉悟、信息观念、信息潜能、信息心理等。[①]

[①] 曾伟忠：《在线学习效率提高导向的学生信息素养培养研究》，载《现代情报》，2010，30(8)：141-144。

2016年，《国务院关于印发"十三五"国家信息化规划的通知》(国发〔2016〕73号)提出，要"提升国民信息素养，支持普通高等学校、军队院校、行业协会、培训机构等开展信息素养培养，加大重点行业工人职业信息技能培训力度，完善失业人员再就业技能培训机制，开展农村信息素养知识宣讲和信息化人才下乡活动"。利用在线学习平台提高公民信息素养，成为各国电子政务实践中的一种有益探索。

1. 从"要我学"到"我要学"的人生充电平台：学习强国

学习强国平台(https://www.xuexi.cn)分为网站和App两种形式，是以习近平新时代中国特色社会主义思想和党的十九大精神为主要内容，立足全体中国共产党党员、面向全社会的在线学习平台，由中共中央宣传部主管。从使用来看，当前的版本是一个立足于信息传播的知识平台。

注册并登录平台后，可以看到"学而时习之，不亦说乎"的界面，随后包罗万象的栏目跃然指尖。从政策法规到时政要闻，从科学技术到社会人文，从传统文化、诗词古籍到现代艺术、影视新作，从人物到史实，平台内容涉猎面广、可读性强。在内容的展现形式上，既有文字和图片，也有视频和互动，建立了一个"纵向到底、横向到边"的学习网络，实现了有组织、有指导、有管理、有服务的学习。[①]

初看到"学习强国"的称谓，很容易认为其目标用户是党员干部及公职人员。的确，在学习平台普及推广之初，这些是率先注册的用户群体。但是，首批注册用户的学习体验和使用回馈为平台带来了良好口碑，学习平台逐步被更多互联网用户接受。"我姑妈天天在那里看红色通缉令""我外婆每天洗澡的时候还用它听戏曲""我爸一有空就用它看古诗词"，不少人发现，不管是身边的朋友还是家中的亲人，都纷纷爱上了这个包罗万象的学习平台。

学习平台上丰富的内容不仅源自各官方媒体机构，也来自于全国各地方机构。类似于今日头条的"头条号"、百度的"百家号"，学习强国平台推出了"强国号"，囊括《人民日报》、新华社、求是网、中国军网、《光明日报》《经济日报》《中国日报》网、中国之声、央视新闻等多家媒体机构，且名单在动态调整、逐步扩大。同时，平台整合了各省、自治区和直辖市、新疆生产建设兵团的学习平台，针对地方特色推出定制内容，更多报道地方性新闻、政策、民生、民俗等。学习平台上拥有大量主题广泛、制作精致且无广告的视频内容，不乏国家级制作机构出品的短视频、微党课、免费的视频公开课，以及商业平台不易查到的电视、电影、戏剧等资源。

---

① 《@全体党员："学习强国"学习平台来了!》，http://www.sohu.com/a/289529488_209058，2020-07-18。

内容推广方面，学习平台采取的是订阅模式，致力于最大化用户的学习范围，尽可能让用户接触到更多、更广、更优质的内容，并未采用一些商业平台惯用的信息流模式，即把流量源源不断地输送给最受欢迎的内容，某项内容的观看量和点赞数越多，就越能得到推荐，从而被更多人看到。学习平台的订阅模式促使用户不单单专注于自己的固有认知或最感兴趣的领域，防止出现"信息茧房"效应。

平台的积分制可以跟踪每位注册用户的学习过程。学习积分是注册用户通过在"学习强国"平台（包括 App 端、PC 端）完成指定行为获得的积分奖励，积分可用于兑换礼品等活动。获取积分的行为包括但不限于：每日首次登录、阅读文章、观看视频、答题、订阅、收藏、分享、发表观点等 12 项操作。其中，在线答题栏目十分新颖有趣，包含选择题、填空题等多种形式，涉及范围极其广泛，囊括政策、体育、电影等。通过答题、分享累计积分，用户可以与好友展开积分排名比赛。比学赶超有竞争，激发用户的学习兴趣。值得一提的是，每天的学习积分设有上限，鼓励用户适可而止，不因追求积分而过度沉迷。用户体验到的是贵在坚持，常学常新，"不积跬步，无以至千里"的理念，在积分制的激励下逐渐养成"天天学"的习惯。

学习平台还设有日程、提醒、工作任务、视频会议、电话会议等辅助功能。其中，"消息""关注"按钮下的功能与办公软件"钉钉"打通并兼容，辅助群组内用户完成日常工作中的沟通。

上线短短 3 个月，iOS 版 App 已经进行了 5 次更新和优化。精良的内容、实用的工具、流畅的体验、人性化的运营，再加上专业且负责的团队和强硬的后台技术支持，该学习平台的迅速普及并非偶然，而是必然。在学习中潜移默化地提高信息素养，不仅是一种追求，也是互联网时代的一种健康生活方式，是克服本领恐慌的妙药良方。学习强国"热"的背后，既是国家的良苦用心，也是广大网民的学习热情。

2. 曾获联合国公共服务奖的在线学习门户："梦之翼"

韩国的电子政务建设在众多国际经济指标中常常被引述为成功案例，是全球最佳实践典范之一。2011 年，梦之翼在线学习门户（Dream-wings Online Learning Portal）获得联合国公共服务奖（United Nations Public Service Awards）①。

梦之翼（https://www.dream.go.kr/dream/index.do）是由京畿道女性发展中

---

① 联合国公共服务奖是联合国经社理事会根据 2000 年 7 月 27 日第 2000/231 号决议设立的，用以表彰对促进公共服务的作用、专业精神和声誉做出贡献的机构，同时也能够弘扬社区服务精神，褒奖公共服务发展进程中的诸多成就，完善公共部门的形象，肯定公务员的工作成果，并激励年轻人加入公共服务事业。2003 年 6 月 23 日，联合国在纽约举办了第一届公共服务奖颁奖仪式。以后，每年的 6 月 23 日被定为"联合国公共服务日"（UN Public Service Day）。

心（Gyeonggi Women's Development Centre）在政府资助下开发的项目，提供涉及办公、医疗、社保、技术和外语等方面的课程。2010年，该在线学习平台扩展了服务，囊括职业发展扶持和诊断分析服务。其中，能力和就业诊断通过4步分析，即就业诊断、职业诊断、性向测试和职业能力测试，即可得出一个求职者的就业前景。2012年，平台推出移动版智慧梦之翼（Smart Dream-wings），大约有70位职业导师提供在线的一对一咨询服务，同时在网页端提供就业咨询、简历社团、模拟面试、适应工作咨询和学习支援中心等服务。[①]

该平台在2004年首次上线时仅针对京畿道女性提供服务，2011年开始在韩国范围内推广。2018年，平台与京畿道教育厅展开合作，推出"学生职业教育"服务，为学生提供网络职业教育。

事实上，类似的在线学习门户在韩国并不少见，如由隶属于韩国文化体育观光部的公共机构世宗学堂财团开发的世宗学堂（http://www. sejonghakdang. org/sjcu/home/main. do）。这个学习平台定位于韩国文化的传播，其用户并不局限于韩国公民，而是扩展到将韩语作为外语或第二外语的海外学生。登录后不难发现，该平台提供包括中文、西班牙语等在内的多语种服务，除语言类课程外，还涉及韩国的饮食文化、自然风光、教育资源、生活资讯等更为广泛的主题。

结束语

电子政务建设中的一个重要主题是提高人们的信息素养。越来越多的机构，包括官方组织和市场主体投身于在线学习平台的建设，秉承"干中学"原则，帮助在线用户提高信息素养。

慕课（Massive Online Open Course，MOOC）平台便是其中的典型代表。目前，全球已有超过30个MOOC平台，MOOC学习者达1 600万～1 800万人，各类MOOC课程总计两千多门。[②] 以中国大学MOOC为例，这是由网易与高等教育出版社携手推出的在线教育平台，向大众提供中国知名高校的MOOC课程。在这里，每一个有意愿提升自己的人都可以免费获得更优质的高等教育。[③] 某平台运营者坦言，"我们做在线教育的目的不是赚钱。当时为什么做这个项目？我觉得全球的教育资源是不平等的，东方和

---

① 《十国"数字政府战略"大比拼：韩国篇》，http://intl. ce. cn/specials/zxgjzh/201404/09/t20140409_2624404. shtml，2020-07-18。

② 《MOOC时代来袭》，https://mp. weixin. qq. com/s/aYeGyLEgSGwNNQWeWcjXbg，2020-07-18。

③ 《关于我们－中国大学MOOC（慕课）》，http://www. icourse163. org/about/aboutus. htm＃/about，2020-07-18。

西方、城市和农村都是不平等的。我们非常希望能够通过互联网这个渠道和手段，打破各种壁垒，让每个人都可以平等地接受教育"。

2018 年 4 月，教育部将"信息素养全面提升行动"列入《教育信息化 2.0 行动计划》（教技〔2018〕6 号），致力于到 2022 年基本实现"三全两高一大"的发展目标，即教学应用覆盖全体教师、学习应用覆盖全体适龄学生、数字校园建设覆盖全部学校，提高信息化应用水平和师生信息素养，建设一个"互联网＋教育"大平台。然而，如何借助互联网的普及来提升范围更广的网民，乃至公民的信息素养，是一个有待政府、市场和社会共同努力，有待实践探索创新的永恒命题。

思考题

1. 在线学习平台如何培养网民的访问习惯？
2. 在线学习平台如何培养网民"擅用＋善用"互联网？
3. 政府、市场和社会如何合作共同致力于提高公民信息素养？

案例教学使用说明书

课前准备

1. 检索并阅读欧盟发布的《终身学习核心素养：欧洲参考框架》(Key Competences for Lifelong Learning - European Reference Framework)、美国大学与研究图书馆协会发布的《高等教育信息素养框架》(Framework for Information Literacy for Higher Education，2015)、中华人民共和国教育部发布的《普通高中信息技术课程标准（2017 年版）》等关于信息素养结构的相关标准。

2. 检索并体验任意在线学习平台。

3. 检索并阅读《布拉格宣言：走向具有信息素养的社会》(The Prague Declaration：Towards an Information Literate Society)、《信息社会在行动：关于信息素养和终身学习的亚历山大宣言》(Beacons of the Information Society：The Alexandria Proclamation on Information Literacy and Lifelong Learning)、《国际图书馆协会和机构联合会数字素养宣言》(IFLA Statement on Digital Literacy)、《英国数字化战略》(UK Digital Strategy，2017)、中华人民共和国《2006—2020 年国家信息化发展战略》等国际社会及各国政府关于信息素养的论述。

教学目标

1. 理解：信息素养是信息社会中公民的核心素养，是终身学习的基本人权。

2. 掌握：在线学习平台如何建设才能完成提升国民信息素养的使命。

3. 反思：如何提升自身的信息素养？

要点分析

1. 信息素养是信息社会中公民的核心素养，是终身学习的基本人权

20世纪70年代，信息素养多被学界关注并局限于人们基于图书馆文献检索技能的领域。随着信息通信技术的广泛普及，信息素养的内涵也逐步扩大。1987年，为明确信息素养在终身教育和塑造良好公民过程中的作用，美国图书馆协会（American Library Association）成立了信息素养教育委员会。1989年，美国图书馆协会提出，信息素养就是人们能够充分认识到何时需要信息，并有能力去获取、评价和有效利用所需要信息的能力。具有信息素养的人应善于依据既定问题或论点明确所需信息，具备查找、评估、组织和有效使用信息的能力，并且能将其与所学知识有效融合，从而发现和使用新信息。

2003年9月，联合国教科文组织（United Nations Educational，Scientific and Cultural Organization）、美国全国图书馆和情报科学委员会（National Commission on Libraries and Information Science）联合召开信息素养专家会议（Information Literacy Meeting of Experts，Prague，The Czech Republic），共有来自世界23个国家的代表讨论了信息素养问题。信息素养被定义为一种能力，能够确定、查找、评估、组织和有效生产、使用和交流信息来定位和解决问题。会议提出，信息素养是终身学习的基本人权，是个人融入信息社会的先决条件，是促进人类发展的全球性政策。造就一个有信息素养的公民群体可以保障人们从互联网时代的信息资源及技术中受益，可以缓解数字鸿沟。时隔两年，联合国教科文组织、国际图书馆协会和机构联合会（International Federation of Library Associations and Institutions）、美国全国信息素质论坛（National Forum On Information Literacy）联合召开了国际高级信息素质和终身学习研讨会（High-Level International Colloquium on Information Literacy and Lifelong Learning）。信息素养被定义为识别信息需求以及在特定的文化和社会背景下定位、评估、应用和创造信息的能力，涵盖学习、批判性思维和解释能力。会议提出，信息素养对个人、企业（特别是中小企业）、地区和国家的竞争优势至关重要，信息素养赋予个人和社群权利，成为信息社会中个人自主发展的必备素养。

随着互联网成为人们生产生活中不可或缺的要件，越来越多的学者认为，信息素养是由信息意识、信息能力和信息道德构成的有机整体，强调信息素养是知识与技能、过程与方法、情感态度与价值取向等方面的综合表现，同时强调伦理道德和批判性思维，

强调基于信息的创新、创造性解决问题，强调改善信息素养是人一生的"必修课"。

对于电子政务建设而言，提高公民信息素养不仅是使在线服务、信息公开、数据开放、政民互动惠及全民的根本保障，更为重要的是，电子政务能否真正发挥其应有的作用，不仅取决于政府怎么建，也取决于行政相对人怎么用。电子政务的建构和演变是由政府和行政相对人共同塑造的，有什么样的公民，就有什么样的政府。

2. 培养信息素养与"干中学"

从理论上看，培养信息素养需要建构信息素养的结构框架和评估标准。针对这一问题，学界、国际组织、各国政府已开展了大量工作，也在不断更新完善信息素养的概念内涵及评价体系。实践中，信息素养的培养及提高必须与真实情境相结合。在线学习平台是一种虚拟现实环境，通过在设置使用规则、更新信息供给、创新激励机制等方面的努力，为用户营造"干中学"（learning by doing）的氛围，帮助用户在潜移默化中养成访问习惯，影响用户信息素养。

美国经济学家阿罗（Kenneth J. Arrow）在其内生增长理论中首次提出"干中学"模型，即人们在生产过程中通过学习获得知识，技术进步是知识的产物，是学习的结果，而学习又是经验的不断总结，经验来自于行动，经验的积累体现为技术进步。此后，经验在塑造和推动生产力增长方面的作用成为卢卡斯（Robert E. Lucas, Jr.）解释人力资本收益增加的核心。卢卡斯认为，在职培训或边干边学在人力资本形成中至少与学校教育同等重要。实践中，"干中学"的概念不断拓展延伸，并被付诸行动。在信息素养的养成过程中，"干中学"具有重要意义。网络空间活动要求我们不断提升自身的信息素养，这不可能完全依靠书本知识，必须要在体验中成长。

在互联网空间中，活跃用户流量和优质数据资源是稀缺的。即便是那些受政府资助的在线学习平台，显然在争取网民青睐方面也不能单纯依靠行政命令，更需要依靠市场运作。在市场运作中，重要的是坚持"科技向善"原则，这不仅是平台本身对信息道德的最佳实践和言传身教，也是保障平台能够可持续地服务于改善公民信息素养的最有价值选择。在设置使用规则以及创新激励机制方面，"科技向善"意味着帮助网民全面认识网络，科学利用网络，养成科学健康的上网习惯。在内容供给方面，"科技向善"意味着需要营造有温度、有广度和有深度的多元话语空间，需要警惕滥用算法推荐，防止出现"信息茧房"和"回声室效应"。

如果为了增强用户黏性，基于对用户社交数据的挖掘建立起兴趣图谱，并运用独特的算法和个性化推荐引擎技术，实现对每个用户的个性化推荐信息，久而久之，难免将用户桎梏于像蚕茧一般的"信息茧房"中。如果网民经常接触相对同质化的人群和信息，听到相似的评论，这将会在无形中给人们打造出一个封闭的、高度同质化的"回声室"。长此以往，人们会在不知不觉中窄化自己的眼界和理解，走向故步自封甚至偏执极化。

不当的访问激励措施,如需要依靠长时间在线累计获得经验值、虚拟物品奖励等,难免导致用户出现网络沉迷。以上种种,显然都有悖于"科技向善"。

当然,在线学习平台在营造提升信息素养"干中学"氛围的方面,除了提供多种媒体形式的学习内容,还可以模拟多种网络场景。信息通信技术已完全融入我们日常生产生活的各领域和各层次,如果在线学习平台能够以公民亲身经历的环境或事件为主题设置板块或者栏目,便可以更好地实现"干中学"的效果,避免"以知识为中心"单纯灌输信息。以解决实际问题为导向的平台建设,更加有利于信息素养的发展。

3. 全社会共同努力营造清朗的网络空间,建设良好的网络生态

单靠在线学习平台仅能营造培养信息素养的小环境,网络空间和网络生态是与国民信息素质休戚相关、相互促进、共同发展的大环境。互联网是一种大众媒介,按照拉扎斯菲尔德(Paul F. Lazarsfeld)和默顿(Robert K. Merton)的观点,"大众媒介是一种既可以为善服务,又可以为恶服务的强大工具,而总的说来,如果不加以适当控制,为恶的可能性则更大"。从这个意义上看,清朗的网络空间和良好的网络生态能促进国民信息素质的提升。反之,便会陷入恶性循环。网络是一个公共空间,"合抱之木,生于毫末;九层之台,起于累土",营造清朗的网络空间,建设良好的网络生态需要全社会的共同努力。

建设网络生态是人类社会面临的共同问题,在我国已被提到重要的战略高度。党的十八大以来,习近平总书记提出了构建"网络良好生态"、形成"网上网下同心圆"等一系列重要论断;党的十九大做出了"营造清朗的网络空间"的重要部署,这为营造清朗的网络空间,建设良好的网络生态提供了基本遵循。习近平总书记强调,网络空间是亿万民众共同的精神家园。网络空间天朗气清、生态良好,符合人民利益;网络空间乌烟瘴气、生态恶化,不符合人民利益。我们要本着对社会负责、对人民负责的态度,依法加强网络空间治理,加强网络内容建设,做强网上正面宣传,培育积极健康、向上向善的网络文明,用社会主义核心价值观和人类优秀文明成果滋养人心、滋养社会,做到正能量充沛、主旋律高昂,为广大网民特别是青少年营造一个风清气正的网络空间。

政府履职方面,《中华人民共和国网络安全法》《互联网信息服务管理办法》《网络信息内容生态治理规定》等系列法律法规先后出台,基本形成了由法律、行政法规、司法解释、部门规章及一系列规范性文件组成的制度框架;基本建立了由网信、新闻出版、工信、公安、电信、文化、市场监督管理、广播电视等多部门网信执法协调工作机制,以及国家、省、市三级执法体系。网络法治化进程正在逐步推进,多部门联合执法已成为常态,我国连续多年开展"清朗"等一系列专项治理行动。

企业尽责和行业自律方面,多家大型平台企业共同发出《关于"清朗网络空间,文明网络行为"的联合倡议》,呼吁互联网从业者秉承良知底线,坚持理性自律,践行社会主

义核心价值观，自觉抵制网络庸俗、低俗、媚俗之风，努力为构建清朗网络空间作出贡献；倡导"科技向善"计划，针对大众所面对的技术演进带来的重大问题，寻求最大范围内的共识与解决方案，引导技术和产品放大人性之善，实现良性发展。

网民不仅是清朗网络空间、良好网络生态的受益者，更是建设者。在这个去中心的互联网公共空间中，只有每个人严于律己，才有可能共促公序良俗。

扩展阅读文献

[1]朱红艳，蒋鑫. 国内数字素养研究综述[J]. 图书馆工作与研究，2019(8)：52-59.

[2]钟志贤. 面向终身学习：信息素养的内涵、演进与标准[J]. 中国远程教育，2013(8)：21-29，95.

[3]云霞，沈利华，李红，陈国钢. 高校信息素养教育"云服务"平台构建[J]. 现代教育技术，2013，23(5)：108-112.

案例 14
电子政务安全，人人有责

案例正文

【摘要】电子政务安全影响用户使用意愿，影响公共信息安全，更为重要的是部分安全问题涉及政治安全。伴随着电子政务的发展，安全问题越来越突出。同时，新技术、新应用的普及不断给电子政务安全带来新威胁、新风险。诚然，电子政务安全保障体系既需要技术措施，又需要管理措施。但从要素视角看，影响安全最活跃、最不确定的因素是人，这迫切需要我们反思如何落实"网络安全为人民，网络安全靠人民"的发展宗旨。

【关键词】电子政务；安全风险；信息安全素养

引言

伴随着"互联网＋政务服务"的深化，电子政务安全再次被提上议程。大数据、云计算、人工智能、物联网等技术的普及应用，不断给电子政务安全带来新的挑战。硬件被破坏、软件被更改、数据被泄露等安全事件的出现，不仅影响行政相对人使用电子政务的意愿，而且关系到信息安全，乃至国家安全。2011 年 5 月，智利《信使报》报道说，黑客侵入智利教育部、军方和选举部门电脑系统盗走大量公民个人资料，并将大约 600 万人的身份证号码、住址、电话号码、电子邮件地址和教育背景张贴在网上。尽管有关部门很快将这些个人资料从网上删除，此次事件仍引起了国际社会的广泛关注。

2016 年 12 月 27 日，经中央网络安全和信息化领导小组批准，国家互联网信息办公室发布《国家网络空间安全战略》；2017 年 6 月 1 日，《中华人民共和国网络安全法》开始施行，这些无疑体现了国家治理网络安全问题的决心。但是，确保电子政务安全不仅需要政府、从业企业、从事信息化理论和实践人士的努力，更需要全体网民，乃至全体国民的参与。互联网赋予了接入网络每一个节点对等的权利，每一个节点都可能存在安全风险，电子政务安全威胁就在你我身边。

1. 面对电子政务安全问题的不确定性，怎么办？

电子政务安全问题是不确定性问题。之所以说它是不确定性问题，是因为电子政务安全问题无外乎是由人借助终端访问和使用各种应用所引起的，是"人的行为不确定性"所造成的蓄意破坏和酿成的风险，其中既有技术型攻击导致的问题，也有社会型攻击导致的问题，通常是两者相互交织所致。技术型攻击易防，社会型攻击难料，两者的相互交织指数级增加了问题的不确定性。近年来，由于数据的价值越来越大，数据泄露类安全事件屡有发生。

2013 年 8 月 13 日，陈女士通过河南人事考试网在线报名参考某省直单位。当天下午她接到该单位通知，因工作年限不够未能通过审核。但第二天陈女士收到公务员培训机构发来的短信，声称可以帮助其"一次通过""轻松过关"。此后几天，陈女士每天都会收到类似短信，甚至在 20 日一天内收到了 17 条短信。经记者与该培训班沟通，培训班声称是从内部渠道获取的考生资料。但考试中心工作人员称并不知情。[1]

类似事件并非个案。2016 年 7 月，全国 30 个省市的 275 名艾滋病感染者信息遭到泄露，患者接到不法分子打来的诈骗电话。2017 年 2 月，上海疾控中心、黄浦区疾控中心两名工作人员窃取了上海市 20 万条新生婴儿的信息，并贩卖给婴幼儿保健品经营企业。[2] 2017 年 9 月，某部委医疗服务信息系统遭黑客入侵，超过 7 亿条公民信息被泄露，8 000 余万条公民信息被贩卖。[3]

政务系统中数据泄露的原因主要有 3 个，除系统受到技术攻击之外，要么是用户对自身信息保管不当，要么是政务服务涉及的机构或其工作人员泄露了信息。2018 年 7 月，国务院印发《关于加快推进全国一体化在线政务服务平台建设的指导意见》，针对当前电子政务发展过程中存在的政务服务平台建设管理分散、办事系统繁杂、事项标准不一、数据共享不畅、业务协同不足等问题作出部署，要求建立起全国一体化在线政务服务平台，以实现政务服务的"一网通办"，提高政府治理现代化水平。在推进"一网通办"的过程中，从数据收集到数据分析，从数据存储到数据传输，不仅技术攻击的风险有所

---

① 刘启路：《公务员考生信息泄露 昨天报完考今天就被短信扰》，https://henan.qq.com/a/20130821/003725.htm，2020-07-18。

② 韩丹东：《患者信息被盗 记者调查医疗信息泄露带来哪些危害》，http://caijing.chinadaily.com.cn/2018-11/13/content_37250731.htm，2020-07-18。

③ 任子行：《数据泄露事件频发，如何保障医疗信息安全？》，https://www.sohu.com/a/201701277_728097，2020-07-18。

增大，由于涉及面更广，社会型攻击的风险也在增大。

2. 我们具备保护个人生物识别信息的观念吗?

2019年"3·15"期间，全国政协委员、上海众人网络安全技术有限公司董事长、上海市信息安全行业协会会长谈剑锋的一段话引发网络热议，"我至今不用指纹解锁，也不用人脸解锁，手机设置密码保护。密码丢了可以换，但生物信息是不可再生的，一旦泄露，你不可能再有第二张脸了"。无独有偶，全国人大代表、北京科学学研究中心副主任伊彤建议开展公民个人生物信息保护立法，"公民个人生物信息具有唯一性和不可变更的特质，一旦泄露就是终身泄露，其敏感程度和利用价值远高于一般信息，存在特殊风险"。

如今，指纹解锁、人脸识别等技术广泛普及，成为各类移动终端以及手机 App 的"标配"，人们可以通过指纹、刷脸来完成乘车、取款、支付等各类服务。目前，也有越来越多的政务 App 开始使用这些生物信息识别技术。然而，这些服务给我们带来便利的同时也存在安全风险。

2019年2月，深圳市深网视界科技有限公司发生大规模数据泄露事件。该公司主营业务为人脸识别、人工智能和安全防护，此次数据泄露主要涉及 MongoDB 数据库，包括超过 256 万人的个人信息，如身份证号、性别、国家、住址、生日、照片等，大约有 668 万条记录。此外，该数据库还可记录个人位置信息，仅 2 月 12 日至 2 月 13 日一天时间内就有超过 680 万个地点被记录在案。[1] 据媒体报道，此事件中泄露的数据仅为姓名、性别等基础数据，不包括人脸、指纹等生物信息。

当前，在人脸识别应用如此广泛的环境下，公众的生物信息同样有泄露风险。很多小区、工厂和学校都使用摄像头采集进出人员的人脸信息，大部分智能手机也提供人脸识别付款功能。如何保障这些生物信息的安全，应该成为社区、企业等组织考虑的重点问题。实践中，大多数社区将采集到的数据存放在本地服务器中，仅由街道或居委会对服务器进行管理和维护，受社区资源和工作人员能力的限制，这部分数据的安全无法得到保障。企业方面，在个人生物信息领域，很少有企业会进行安全等级认证，投入多少资金实施安全防护、如何防护都由企业自行决定。[2]

2018年5月1日，我国正式实施《信息安全技术个人信息安全规范》，提出个人基因、指纹、声纹、掌纹、耳廓、虹膜、面部识别特征等个人生物识别信息属于个人敏感

---

① 齐智颖：《深网视界被曝百万数据泄露，人脸识别信息安全引担忧》，https://finance.china.com/tech/13001906/20190228/35320082.html，2020-07-18。

② 潘少颖：《315 专题：政协委员拒用人脸识别，一旦泄露，你无法再有第二张脸》，http://www.it-times.com.cn/a/it/2019/0313/26637.html，2020-07-18。

信息。对于敏感信息的收集，必须经过个人信息主体的明示同意；对于敏感信息的保存，要求做到去标识化处理，同时保存时间要遵循所需时间的最短要求；对于敏感信息的传输，必须采用高度的安全防范措施。尽管如此，对个人生物识别信息的规制尚缺乏必要的制度保障。因此，保护个人生物识别信息还需率先从源头做起，不轻易许可信息的采集。

3. 新技术、新应用带来新的安全风险

作为通用目的技术，信息通信技术始终处在创新发展的进程中。新技术、新应用的快速发展在给电子政务带来效率、给百姓生活带来便利的同时，也带来新的安全风险。

2016 年，美国政府公布了一份长达 35 页的《2016—2045 年新兴科技趋势报告》。该报告基于美国过去 5 年内由政府机构、咨询机构、智囊团、科研机构等发表的 32 份科技趋势相关研究调查报告，明确指出："在接下来的 30 年里，我们处理巨量动态数据的能力将会逐渐提高。自动人工智能软件将可以从散乱的数据中识别并提取有关联的信息，这种数据分析能力将会从商业应用扩散到普通人手里。人们将会获得在生活中使用大数据的能力，并且通过这种能力来迫使政府以及各种机构对它们的政策负责。这很有可能引起关于数据限制的冲突。超级个性化营销、政府对人民数据的监视，以及各大数据被盗案件的曝光会引起数据所有权的讨论；各个敌对势力则可以利用被盗取的、从暗网中购买的，甚至是开源的数据来相互攻击。"[1]

无须赘言，面对新技术、新应用带来的新安全风险，需要政府、信息技术服务提供商和公民的合作治理。在合作治理中，政府、企业和公民的职责有所不同。政府更重要的是从国家利益和公共价值出发制定法律和政策；企业在维持经济效益的同时，更要兼顾其应该承担的社会责任；公民不仅要提高自身的信息安全素养，而且需要监督政府和企业，同时通过社会参与来影响公共政策的制定。不过，对于政府、企业与公民间如何分享治理权力，如何避免政府干预可能对效率产生的影响，如何避免强势的利益集团损害公共利益等问题的回答，还有待于实践经验的积累。

结束语

2016 年 4 月 19 日，习近平总书记在网络安全和信息化工作座谈会上的讲话中明确要求，"网络安全为人民，网络安全靠人民，维护网络安全是全社会共同责任，需要政府、企业、社会组织、广大网民共同参与，共筑网络安全防线"。正如《中华人民共和国

---

① 《美国公布长达 35 页的〈2016—2045 年新兴科技趋势报告〉》，https://www.sohu.com/a/156895155_163524，2020-07-18。

网络安全法》对安全的定义，安全是一种能力。在攻击与防卫中，能否在预算约束下确保实现安全目标，从根本上取决于双方的能力较量，这种能力体现为国家的安全能力、组织的安全能力和个体的安全能力。

2014年11月24日，首届"中国国家网络安全宣传周"启动，该活动以"共建网络安全，共享网络文明"为主题，每年举办一次，电子政务安全是活动关注的重点领域之一。通过举办网络安全体验展等系列主题宣传活动，营造网络安全人人有责、人人参与的氛围。

虽然我们无法准确预测电子政务安全的未来态势，但有一点是肯定的：在相当长的一段时间内，冲突不可避免。大多数生物学家和心理学家相信，人的攻击性和创造力共生。从某种意义上来说，但凡是网络都会遭到攻击。当我们越来越依赖于电子政务系统处理日常的一切时，所面临的安全风险便愈加严重。唯有人人负责，才能更好地保卫电子政务安全。

思考题

1. 为什么电子政务安全问题如此重要并且事关人人？
2. 电子政务面临哪些安全风险？
3. 如何养成信息安全素养？

案例教学使用说明书

课前准备

1. 检索并研读《中华人民共和国网络安全法》《全国人民代表大会常务委员会关于加强网络信息保护的决定》《全国人民代表大会常务委员会关于维护互联网安全的决定》《中华人民共和国计算机信息系统安全保护条例》《国家网络空间安全战略》《信息安全技术个人信息安全规范》等网络安全相关的法律、规范、战略、标准。

2. 登录美国国家网络安全与通信集成中心（The National Cybersecurity and Communications Integration Center）及其计算机应急响应小组（Computer Security Incident Response Team）、英国国家网络安全中心（The National Cyber Security Centre）、中国国家互联网应急中心（National Internet Emergency Center）等机构网站并了解当前的网络安全形势。

3. 检索并阅读思科(Cisco)、赛门铁克(Symantec)、国家信息中心联合瑞星公司等机构发布的历年网络安全报告。

教学目标

1. 理解：电子政务安全问题是多维的重要议题。

2. 掌握：电子政务安全面临的风险。

3. 反思：作为网民应该具备怎样的信息安全素养？

要点分析

1. 电子政务安全是一个多维问题，与我们每个人息息相关

在狭义上，电子政务安全是电子政务领域的信息安全。套用国际标准化组织对信息安全的定义，电子政务安全是为电子政务系统建立和采取的技术和管理的安全保护，保护硬件、软件和数据不因偶然或恶意的原因而遭到破坏。如果在更为宽泛的"网络空间安全"范畴下讨论电子政务安全，那么电子政务安全可以抽象为由信息系统、信息内容、信息系统的所有者和运营者、信息安全规则等因素构成的多维问题空间。在宏观层面上，表现为国家和社会的网络安全问题，涉及政策、法规、文化、基础设施、服务等方面的内容；在微观层面上，表现为政府机关在运行过程中的信息安全，涉及技术、标准、管理等方面的内容。

本质上，电子政务安全是不确定性问题，是动态问题，是不可能完全解决的问题。之所以说它是不确定性问题，是因为安全问题无外乎是由"人"借助"终端"访问和使用各种"网络应用"所引起的。这其中既有由技术型攻击导致的问题，也有由社会型攻击导致的问题，通常是两者相互交织所致。技术型攻击易防，社会型攻击难料，两者的相互交织指数级地增加了问题的不确定性。之所以说它是动态性问题，是因为安全问题会随着时间的推移、主体的变迁发生变化。过去的问题在今天也许算不上是问题，今天的常态也许是明天的问题；对我而言是问题，对您或许不算是问题。基于对安全问题动态性的理解，欧盟定义的安全有个前提，那就是"既定的密集条件下"，同一系统在其生命周期的不同阶段、不同系统在同一时期面对的安全风险大相径庭。之所以说网络安全问题是不可能完全解决的，是因为从客观上讲，攻击与防卫是"道高一尺魔高一丈"的矛盾体；主观上看，解决安全问题需要权衡成本收益，过高的安全诉求势必导致边际成本高企，也就是俗话所说的"一扇门上几把锁取决于门里面放了什么东西"。

安全是发展的前提，发展是安全的保障。电子政务安全不仅是确保电子政务持续健康发展的前提，更是实现国家治理体系和治理能力现代化的基础。从国家战略高度考虑，电子政务安全是网络安全的重要组成部分，网络安全则是国家安全的组成部分，电子政务安全出现问题，必然危害政治安全、威胁经济安全、侵蚀文化安全、破坏社会安全、影响军事安全。立足于网民的视角，安全有助于提高网民对电子政务的接受度、提升网民使用电子政务的信心，这无疑对缩小数字鸿沟、促进数字包容大有裨益。

电子政务安全事关人人，电子政务能否安全更需要依靠人人。互联网空间是一个去中心网络，其核心优势在于开放性、对等性，但这也恰恰是其安全隐忧的根源。电子政务安全依赖于接入其中的每个节点的安全，取决于节点与节点之间连接的安全，从这个意义上看，守护电子政务安全是所有人的责任。"互联网＋"推动社会朝着万物互联的方向前进，当一条数据在个人、社会、企业和政府间流动时，每一个环节都可能存在安全风险。如果安全出问题，不仅损害个人利益、企业利益、公共利益和国家利益，甚至挑战国际和平。社会各方时刻保持危机意识、积极承担安全责任、提高安保能力，才是确保电子政务安全的关键。

2. 电子政务安全面临复杂、棘手的高风险

在电子政务安全的语境下，风险特指被特定安全威胁利用的资产的一种或一组脆弱点导致资产丢失或损害的潜在可能性，即特定威胁事件发生的可能性与后果的结合。实践中，电子政务安全风险来自于认知、技术、管理、法律和政治5个方面。从20世纪80年代中期的"办公自动化"到如今的"互联网＋"，我国的电子政务建设经历了从无到有、从点到面、从部分环节到全流程的发展过程。随着我们对电子政务依赖程度的逐步提升，电子政务中承载的资产越来越重要，安全风险也就随之加大。

认知方面，目前机构的安全意识普遍有所改善，"业务优先，安全靠边"的思想大有改观。但是，"安全就是安装防火墙、安全就是安装杀毒软件"等不正确观念仍旧存在，尤其对数据安全风险认知不足。与复杂、棘手的高风险形势相比，安全文化建设、安保能力建设等的投入仍显不足。

技术方面，随着人工智能、区块链、云计算、大数据等新一代信息通信技术在电子政务领域的应用，安全风险变得更复杂、更棘手。数据是现代社会的血液，在为经济社会发展注入强大驱动力的同时，也带来了无孔不入的安全风险。黑客攻击、病毒传播、信息窃取、隐私侵犯等行为暗流涌动，"电子沼泽地"正以惊人的速度扩大。每一轮新技术的创新及普及均会给安全防范带来技术上的全新挑战，如果安保能力准备不足，难免诱发安全事件。

管理方面，跨部门、跨地区的统筹管理尚有改善空间。随着"互联网＋政务服务"的逐步推进，跨部门、跨地区的信息共享和业务协同随之走向深入。如果仍旧局限于内部安全管理层面，势必无法响应由于应用变化导致的风险变化。部门、地区间在安全管理制度、规则、人员等方面存在的不协调、不平衡、难衔接等问题，难免带来安全隐忧。

法律方面，尽管我国近年来出台了《网络安全法》等系列法律法规，但与互联网空间技术、应用的变迁和创新相比，仍显滞后。同时，由于跨境数据流动越来越活跃，跨司法管辖权方面的冲突也越来越多。这些无疑给电子政务安全带来了新的法律风险。

政治方面，由于电子政务已成为治国理政的工具，网络空间的国际争夺显性化，互联网成为各国"政务信息战"的主战场。出于国家利益的考虑，在"深度伪造"（deepfake）等技术的辅助下散布影响他国社会稳定的言论，有组织地攻击对方的电子政务系统等安全事件时有发生。从某种意义上看，电子政务安全面临的政治风险相较于认知、技术、管理、法律等方面的风险更难以控制。

实践中，上述各方面的安全风险是交织存在的。同时，电子政务面临的安全风险不仅会随着时间变化，在不同的应用场景中也有所不同，面临着时间和空间两个维度的发展变化。安全风险的常变常新导致电子政务安全面临复杂、棘手的高风险。

3. 提升公民信息安全素养是保障电子政务安全的重要议题

电子政务安全的实现以"人人要负责"为基本原则，但实现的前提是"人人可负责"。电子政务安全是一种能力，在攻击与防卫中，能否在预算的约束下确保实现安全目标，从根本上取决于双方的能力较量。这种能力不仅体现为国家和组织的安全能力，也表现为个体的安全能力。电子政务安全也存在"木桶效应"，安全能力最差的群体决定了整体安全水平，当前的最大隐忧为个人安全意识和防范能力不容乐观。

在概念界定上，信息安全素养源自信息素养。因此，狭义的信息安全素养即指信息安保能力，广义上还包括信息安全意识、信息安全法律法规、伦理道德素养等。虽然信息安全素养对电子政务发展、个人切身利益至关重要，但在实践中，公众具备技术使用技能而不具备信息安保能力的现象较为普遍，且信息安全意识薄弱，缺乏自我保护意识。安全面临的最大风险在于没有意识到风险。比如，网民越来越习惯于人脸、指纹、瞳孔解锁带来的使用便利，全然不顾其后的数据泄露和财产流失风险，给电子政务安全带来极大隐患。因此，提升公民信息安全素养迫在眉睫。

全社会应充分认识到国民信息安全素养教育的重要性和必要性，将信息安全素养教育纳入全民素质教育体系。当前，世界各国均意识到保障信息安全是全民的共同责任，采取了一系列措施向公众普及信息安保知识，塑造全民网络安全文化。比如，美国于2008年启动"国家网络安全教育计划"，将信息安全素质教育纳入国家战略，采取建立科普网站、开展主题活动、举办技能大赛、开发适合不同人群的信息安全意识教育和技能培训类游戏等措施，由政府主导，企业、社会和学校各方合作，促进公众自觉采取安全保护措施，降低安全风险。我国自2014年开始举办的网络安全宣传周，现已逐步成为网络安全政策宣传的阵地、网络安全成果的展示窗口和网络安全素养教育的载体和平台。

在提升国民信息安全素养的过程中，提倡公民自我养成、自我强化、自我优化信息安全素养是非常重要的，外界的引导、教育和影响固然重要，但只有实现自身内化，才能真正确保电子政务安全"人人可负责"。这需要通过营造互联网生态来强化自我养成意识，需要结合外界教育和自我在"干中学"中的历练来提高自我养成能力，更需要结合学校教育、家庭影响、工作激励等来拓宽自我养成渠道。

无论未来电子政务安全面临怎样复杂、棘手的高风险，有一点是肯定的，当我们越来越依赖于电子政务处理日常的一切时，所面临的风险便愈加严重。能否在安全的攻防博弈中处于主导地位、掌控局面，根本上取决于自身的实力。唯有网络空间的群众运动能更好地保卫安全。

扩展阅读文献

[1]罗力. 国民信息安全素养评价指标体系构建研究[J]. 重庆大学学报(社会科学版)，2012，18(3)：81-86.

[2]邓若伊，余梦珑，丁艺，等. 以法制保障网络空间安全构筑网络强国——《网络安全法》和《国家网络空间安全战略》解读[J]. 电子政务，2017(2)：2-35.

[3]江东兴，李艳征. 电子政务安全保障能力体系模型研究[J]. 保密科学技术，2018(8)：32-37.

案例 15
电子政务预算绩效管理的美国做法

案例正文

【摘要】在大规模投入之后，电子政务能否取得预期成效成为关注的重点，绩效管理随之成为各国推动电子政务持续健康发展的选择。为此，美国政府提出了以政务绩效驱动的电子政务建设指导模型，即 FEA(Federal Enterprise Architecture, FEA)模型，并在《政府绩效与结果法案》的框架下推动实施。伴随着政府改革和技术进步，FEA 模型不断更新，白宫网站辟有专门页面予以宣介。美国的做法成为各国效仿的典范。但是，应从电子政务预算绩效管理的美国做法中学什么、怎么做，值得我们反思。

【关键词】预算绩效管理；FEA 模型；美国实践

引言

在美国，讨论电子政务预算绩效管理绕不开美国联邦政府业务架构，也就是我们常常听到的 FEA 模型。自克林顿政府于 1993 年提出建设电子政务以来，大部分项目在政府预算的项目投资组合中处于风险级，其主要原因是不能表述绩效目标，在绩效度量方面做得不足。为解决这一问题，FEA 模型的开发被提上日程，其 1.0 版一经开发就被应用于 2004 年度的电子政务预算管理工作。伴随着电子政务的发展，白宫于 2013 年 1 月 29 日发布了 FEA 模型的 2.0 版(https://obamawhitehouse.archives.gov/omb/e-gov/fea)。FEA 模型应用于实践以来，全球许多国家效仿美国的做法，开发适合本国国情的类似模型，借此提高电子政务绩效。

1. 完全服务于绩效管理的 FEA 模型 1.0 版

FEA 1.0 版由 5 个层次的参考模型组成，图 15-1 描述了联邦政府的业务、绩效与技术的通用定义和架构。整个 FEA 模型是业务驱动的架构，是基于组件的架构，从对联邦政府各种行政业务的清晰划分和定义出发，环环相扣地延伸到服务分解、技术重用、数据共享、绩效考评等层次，最终为促进跨部门系统整合和信息资源共享提供了完善的解决框架。

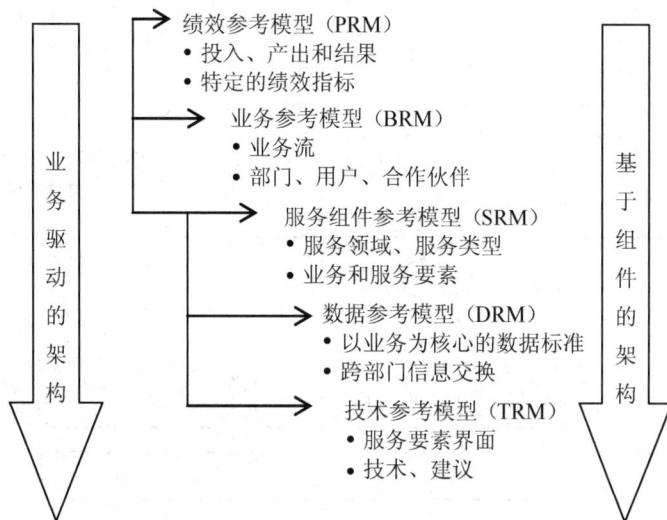

图 15-1　FEA 参考模型(1.0 版)

由于绩效是整个 FEA 模型关注的最终目标，因此处于整个 FEA 体系最顶层的是绩效参考模型(Performance Reference Model，PRM)。这个层次的参考模型是联邦政府各部门阐明电子政务系统绩效目标的基本参考标准，也是预算管理部门评价项目绩效的基本依据。

绩效参考模型将电子政务的绩效评价划分为 6 个度量领域，分别是技术、人力资本、其他固定资产、业务流程与业务活动、使命与业务结果、用户结果(见图 15-2)。价值链将这 6 个度量领域整合在一起，形象地表明了电子政务从投入到产出各个环节之间的推动促进关系。

绩效参考模型针对每一个领域提出了 3 个层次的评价指标，分别是度量分类、通用度量指标和优化度量指标。前两个层次的指标是通用的，最后一个层次则是针对具体部门设计的个性化指标，需要由各个部门在 FEA 模型的指导下自行定义。

FEA 模型自顶向下的第 2 个层次是业务参考模型(Business Reference Model，BRM)，它超脱于具体的政府机构，抽象出联邦政府机构实施的业务框架，是整个 FEA 模型的基础内容，包含 4 个业务区 39 条(内外)业务线 153 项子功能。由于业务参考模型抛开了政府部门的狭隘观念，所以能有效促进政府各机构之间的协作。

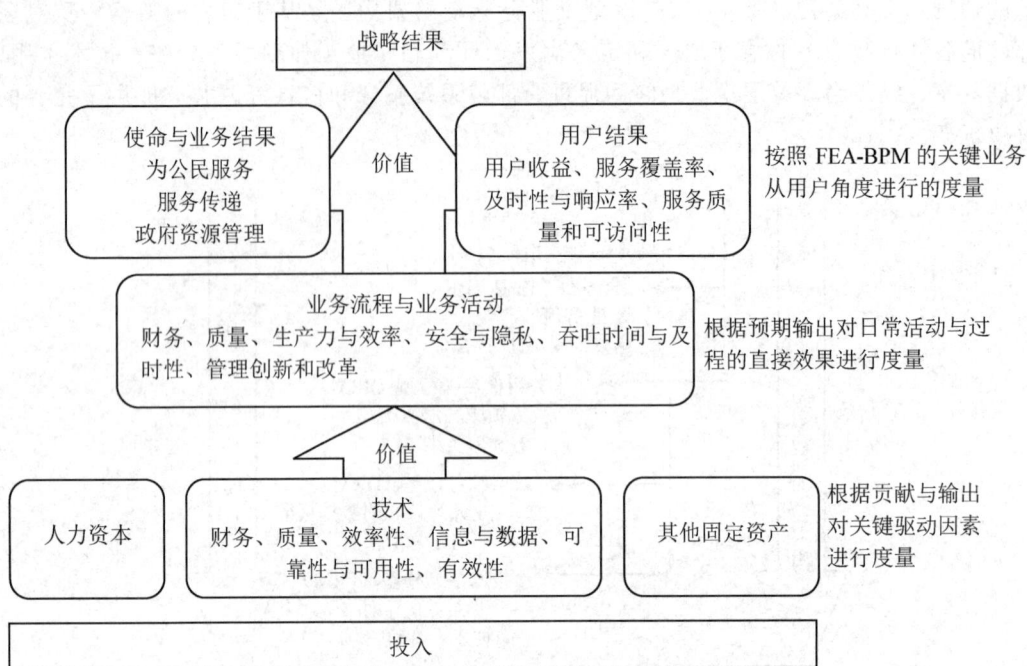

图 15-2　FEA-PRM 的度量领域

处在中间层次的是服务组件参考模型（Service Component Reference Model，SRM），用于描述一条完整的业务线，多种服务构件可以支持一个业务子功能。服务组件参考模型能够为实现业务重用、提高业务功能、优化业务构件和业务服务种类奠定基础。

自顶向下的第 4 个层次是数据参考模型（Data Reference Model，DRM），用于描述那些支持业务线运行的数据与信息，描述那些发生在联邦政府与其各类用户、选民和业务伙伴之间的信息交换。DRM 按照大家都容易接受的方式对联邦信息加以分类，进而确定那些重复建设的数据资源，并由此实现政府机构之间的信息共享。一个通用的数据分类模型有助于实现与政府业务流程的无缝隙连接，无论这些业务流程发生在联邦政府内部机构之间还是发生在政府与其利益相关者之间。按照基于逐个业务流程而非单个部门的原则，DRM 有助于认清关键的业务改进区域，获得清晰界定的、可以测量的结果；还有助于鉴别那些支持业务流程或其子功能、可以重用的数据构件。这些数据构件的特征建立在 FEA 技术参考模型基础之上，也与特定的业务构件相一致。

最底层是技术参考模型（Technology Reference Model，TRM），用于描述传输服务构件与提高服务性能的技术支持方式。TRM 是一种分级技术架构，规定了一套技术要素，用来确定基于构件实施的联邦政府项目（如 Pay. gov、24 个总统优先的电子政务计划等)所采用的技术与工具。

2. 与绩效预算管理制度相结合的 FEA 模型应用

在美国的实践中,FEA 模型的应用与绩效预算管理制度紧密结合在一起。具体做法如下。

首先,白宫行政管理和预算局建立了一套全国唯一的联邦政府业务架构管理信息系统。该系统收录了所有已建和待建的电子政务项目,每个项目都需要按照 FEA 模型的要求详细标明所有信息。

其次,在每年 3 月的预算申请期间,各个部门需要按照 FEA 业务参考模型的规范,在本部门提交的预算申请中标明电子政务项目对应的业务分类等信息;同时,按照 FEA 绩效参考模型的规范详细填写相关表格,阐明该项目的长、短期绩效目标和项目规划、管理、责任等绩效参考信息,作为审核预算的标准。

再次,白宫行政管理和预算局在每年 9 月的初步预算审核期间,检查所有电子政务预算申请,在联邦政府业务架构管理信息系统的协助下,识别出所有可能进行资源共享的电子政务项目,详细分析是否可以在 FEA 模型框架下整合各部门的预算,并将预算改进建议反馈给申请部门。如果双方均确认无误,则由可以共享、共建的各个部门重新制定联合建设计划并再次提交预算。

最后,在次年 9 月前的最终预算审核期间,国会根据各个项目填写的绩效目标等信息对各个预算申请进行最终审核,作出预算决策。对于每个项目,在其执行期间以及最终完成之后,都要由相关机构根据该项目在预算申请期间提出的绩效目标进行评价,及时发现问题并采取调整措施。这些评价结果同时也可作为该部门的业绩考核依据,影响其未来预算申请的审批决策。

实践中,美国联邦政府从项目绩效、部门绩效和跨部门绩效 3 个层次出发,对联邦政府预算进行审查,并且将结果以一定形式向社会公布,促进项目之间、部门之间的相互竞争。

3. 与时俱进的 FEA 模型

伴随着行政改革和技术创新,电子政务实践不断变化,FEA 模型也随之升级,FEA 2.0 版如图 15-3 所示。与 1.0 版本不同的是,FEA 2.0 版本在参考模型的描述方面进行了修订,具体包括绩效参考模型、应用参考模型(Application Reference Model,ARM) 业务参考模型、数据参考模型、基础设施参考模型(Infrastructure Reference Model,DRM)和安全参考模型(Security Reference Model,SRM)。

```
绩效参考模型（PRM）
 • 跨部门和部门内的目的和目标
 • 独有、定制的性能指标

业务参考模型（BRM）
 • 跨部门和部门内的共享服务
 • 独有、定制的性能指标

数据参考模型（DRM）
 • 业务导向的数据标准
 • 跨部门的信息交换                  安全参考模型
                                  （SRM）
应用参考模型（ARM）            • 风险调整后的
 • 软件提供的功能                安全/隐私保护
 • 业务服务                     • 安全控制设计/
                                实现
基础设施参考模型（IRM）
 • 硬件提供的服务
 • 托管、数据中心、云平台
```

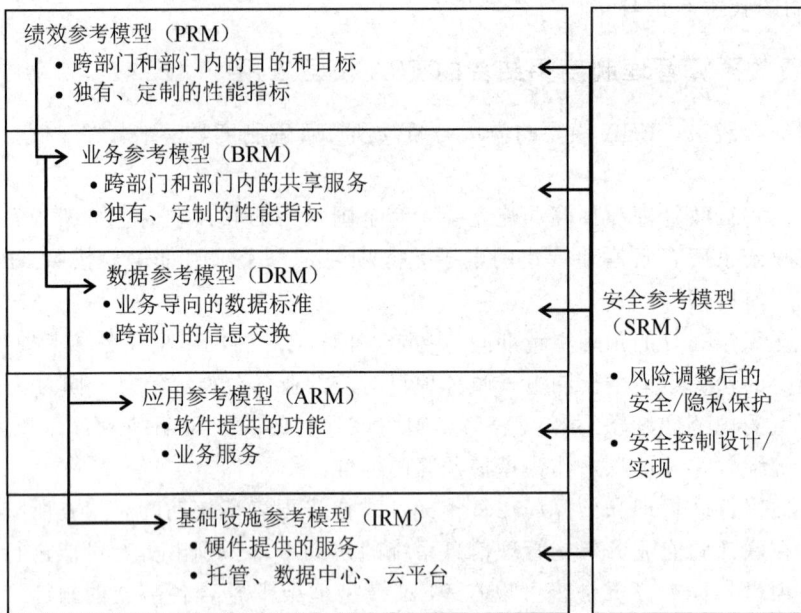

图 15-3　FEA 参考模型（2.0 版）

　　绩效参考模型将机构战略、内部业务组件和投入联系起来，在战略层面为衡量这些投入对产出的影响提供了一种手段。业务参考模型整合了 FEA 模型 1.0 版中的业务参考模型和服务组件参考模型，通过共同使命以及完成使命的服务领域而不是"烟囱式"的部门结构层级视角来描述组织，从而促进机构内部和机构之间的业务协作。数据参考模型有助于定位信息孤岛中的数据，并且能够帮助用户理解、访问这些数据，使其服务于绩效目标。应用参考模型对那些有助于提高服务能力的系统、与应用相关的标准和技术进行分类，使机构能够共享和重用那些通用的解决方案，并从规模效应中获益。基础设施参考模型对与网络或云相关的标准和技术进行分类，以支持语音、数据、视频以及移动服务组件和功能。安全参考模型为在联邦机构的业务和绩效目标中讨论安全和隐私提供了一种通用的语言和方法。

　　FEA 2.0 版可以帮助行政机构加速组织转型，提供标准化的技术支持、分析和报告工具、组织路线图，以及一个可重复的、更灵活和有用的架构项目方法，为部门内部和跨部门的规划、决策和管理提供更权威的信息。

结束语

　　FEA 模型是一个完全由绩效驱动的框架。从绩效管理的角度看，这套体系的特色如下。首先，其核心目标是帮助政府部门填写预算申请表格，明确绩效目标，加强自身对电子政务的监管力度。换言之，该模型的主要用途在于辅助绩效管理，而不是进行绩效评价。其次，它定义了价值链形式的指标体系，明确了电子政务各个方面的投入产出关系；它将部门绩效目标与系统绩效目标融合在一起，充分体现了政务是根本的电子政务建设宗旨。最后，它要求各级政府部门根据 FEA-PRM 的指导自行声明其具体绩效目标，既保证了绩效目标声明的统一性，也提供了充分的灵活性。

FEA 模型的提出以一系列联邦法律为前提，包括《1993 政府绩效与结果法案》(Government Performance and Results Act of 1993)、《1996 克林格-科恩法案》(Clinger-Cohen Act of 1996)、《1998 政府文书削减法》(The Government Paperwork Elimination Act of 1998)、《2002 联邦信息安全管理法》(Federal Information Security Management Act of 2002)、《电子政务法》(E-Government Act of 2002)、《政府绩效与结果法案修正案》(Government Performance and Results Modernization Act of 2010)等。

FEA 模型的应用表明美国联邦政府的电子政务政策发生了重大转变，由原来注重具体项目、业务与资金配给的管理转向通过引入绩效管理、制定业务规范、明确技术标准而将电子政务纳入制度化运行轨道的例行管理。对于中国而言，借鉴这套体系之前还须结合具体的政体和国情进行本土化改造。

思考题

1. FEA 模型的提出及应用给电子政务绩效管理带来了什么启示？
2. 如何将电子政务的绩效与预算有机结合起来？
3. 在《中共中央 国务院关于全面实施预算绩效管理的意见》这一政策背景下，中国应如何借鉴美国经验，落实电子政务领域预算绩效管理？

案例教学使用说明书

课前准备

1. 检索并阅读 FEA 模型原文(Federal Enterprise Architecture Framework version 2，January 29，2013)。
2. 检索并阅读美国《1993 政府绩效与结果法案》《政府绩效与结果法案修正案》。
3. 检索并阅读《中共中央 国务院关于全面实施预算绩效管理的意见》。

教学目标

1. 理解：电子政务系统或平台的技术产出并不是电子政务绩效的核心要义，行政效率、行政效能及其社会影响才是电子政务绩效应关注的焦点。

2. 掌握：FEA 模型的基本思想及保障其实施的预算绩效制度；FEA 模型是在不断更新的。

3. 反思：为什么 FEA 模型的实践需要在预算绩效管理制度的框架下展开？

要点分析

1. 行政效率、行政效能及其社会影响是电子政务绩效应关注的焦点

电子政务是指利用信息网络技术和其他相关技术构造更加适合时代要求的政府结构和运行方式，其本质是政务。合理设置电子政务绩效目标并配合相应的绩效管理制度，不仅可以使政府部门产生内在的激励约束机制，而且有助于在深层次上解决电子政务建设中的瓶颈问题。

在我国，2002 年颁布的《国家信息化领导小组关于我国电子政务建设指导意见》（中办发〔2002〕17 号）明确提出，电子政务建设应"适应改革开放和现代化建设对政务工作的要求，转变政府职能，提高工作效率和监管的有效性，更好地服务人民群众；以需求为导向，以应用促发展，通过积极推广和应用信息技术，增强政府工作的科学性、协调性和民主性，全面提高依法行政能力，加快建设廉洁、勤政、务实、高效的政府，促进国民经济持续快速健康发展和社会全面进步。"这一指导思想明确指出，电子政务建设旨在行政效率、行政效能及其社会影响。

从全球来看，联合国经济和社会事务部在其 2003 年发布的年度报告《十字路口上的电子政务》（E-government at the crossroads）中，根据电子政务实施效果将电子政务分为浪费型（wasteful）、无目标型（pointless）和有意义型（meaningful）3 类。能够被誉为"有意义型的电子政务"是指那些不但优化了政府业务流程，而且能充分满足社会需求，为政府自身以及政府的服务对象创造了最大限度价值的电子政务项目。由此，我们也可以看出，电子政务建设旨在行政责任的有效实现，以及行政绩效的最大化。

立足绩效评估的角度，电子政务系统或平台的技术产出相对容易测量。但是，在这种价值导向下开展绩效管理的后果是实践中很多电子政务建设"重技术、轻政务"，出现了网站信息陈旧、在线办事不便等系列问题，甚至造成一个个深不可测的 IT 黑洞。绩效管理是电子政务建设的指挥棒，如果"政务"和"电子"的主次关系出现错位，会严重误导电子政务建设。

2. 与时俱进的 FEA 模型的出发点和立足点是绩效参考模型

绩效参考模型（Performance Reference Model，PRM）是一个绩效评测框架，为整个美国联邦政府提供统一、通用的度量标准。它的特点在于：一是以公民为中心，以服务为导向，侧重成本收益评价；二是建立项目成本和政务目标之间的联系，使相关机构和人员了解电子政务建设投入和行政责任履行结果之间的关系；三是将行政绩效目标与系统绩效目标有机融合在一起；四是允许各部门在PRM框架下自行细化其具体目标，保证了FEA模型操作的灵活性。

伴随着行政改革和技术变革，FEA模型在不断更新迭代，但不变的是，绩效参考模型始终位于最顶层，业务参考模型（Business Reference Model，BRM）紧随其后。这意味着，绩效是FEA模型所关注的最终目标，也是实施FEA模型的基本原则。同时，业务参考模型直接服务于绩效参考模型。换句话说，就是围绕绩效目标，以业务为线索，不涉及具体机构设置梳理行政业务流程。这样做的好处不言自明，便于实现跨部门的业务协同和信息共享，业务优化也必然带来行政成本的降低和行政效率的提高。

绩效参考模型包括技术、人力资本、其他固定资产、业务流程与业务活动、使命与业务结果、用户结果6个评测领域，每个评测领域既包含通用标准，也允许被评测部门根据自身情况自行确定标准。以用户结果为例，其通用标准涉及服务可获得性、服务响应的及时性、服务质量以及使用者收益等方面的通用指标。由此可见，绩效参考模型是围绕政府部门行政业务绩效的改善而设计的。

FEA模型是完全由绩效驱动的电子政务系统架构，通过一系列的通用标准和公共参考模型，统一定义和部署联邦政府的电子政务建设，从而促进跨部门的资源整合，减少重复投资，提高电子政务建设的投资效率，最终服务于以公民为中心的服务型政府建设。

3. 美国做法的亮点在于FEA模型的应用实践与绩效预算制度完美结合

绩效预算（performance budgeting）理念的产生，可以追溯到1949年胡佛委员会的"预算与会计"报告。该报告建议，"联邦政府整个预算观念应当更新，采用以功能、活动和项目为基础的预算，即我们所设计的绩效预算"。对于绩效预算的最早解释，可以追溯到美国总统预算办公室于1950年给出的工作定义："绩效预算是这样一种预算，它阐述请求拨款是为了达到目标，为实现这些目标而拟定的计划需要花费多少钱，以及用哪些量化的指标来衡量其在实施每项计划的过程中取得的成绩和完成工作的情况。"但是，鉴于政府支出目标的难以量化以及官僚制的墨守成规，实践中采用设计规划预算（planning-programing-budgeting system）、目标管理（management by object）以及零基预算（Zero-base budgeting）等方法取而代之。为了摆脱预算赤字、绩效赤字、投资赤字以及信任赤字，1993年副总统戈尔（Albert A. Gore Jr.）领衔的国家绩效评价委员会（National Performance Review Committee）提出了《从繁文缛节到结果为本——创造一个少花钱多办事的政府》（From Red Tape to Results：Creating a Government that Works Better and Costs Less）报告，这份报告不仅提出了电子政务动议，而且重提了绩效预算。

具体表现是在 1993 年通过了《政府绩效与结果法案》，这是对《1921 年预算与会计法案》(Budget and Accounting Act of 1921)的修正案。这一法案在被媒体誉为"互联网总统"的奥巴马政府时期进一步修订，即《2010 年政府绩效与结果法案修正案》(Government Performance and Results Modernization Act of 2010)。

在克林顿政府持续投入巨额资金进行电子政务建设的同时，日益严重的问题逐渐浮出水面，包括重复冗余建设、偏离整体目标、难以达成跨部门信息共享等，大部分信息化项目在政府预算的项目投资组合中处于风险级，主要原因是不能按照绩效预算制度的要求表述项目绩效。正是在这个背景下，美国电子政务主管部门总统行政办公室(Executive Office of the President)、白宫管理与预算办公室(Office of Management and Budget)和联邦 CIO 理事会(Federal CIO Council)本着"以公民为中心"的原则联合开发了 FEA 模型，其核心目标是"发掘信息资产的重用价值、促进 IT 投资的有效性"，随后在 2004 年度的电子政务预算管理中予以实施。

回顾这段历史，我们很容易理解为什么美国 FEA 模型的应用实践与绩效预算制度能够完美结合。当然，这并不意味着美国的做法无法借鉴。如何因地制宜地将预算制度与电子政务绩效管理有机结合，是不同国家电子政务的管理者和建设者有待创新的实践议题。

扩展阅读文献

[1]吴建南，温挺挺. 政府绩效立法分析：以美国《政府绩效与结果法案》为例[J]. 中国行政管理，2004(9)：90-94.

[2]马国贤，任晓辉. 全面实施绩效管理：理论、制度与顶层设计[J]. 中国行政管理，2018(4)：13-18.

[3]张成福，唐钧. 电子政务绩效评估：模式比较与实质分析[J]. 中国行政管理，2004(5)：21-23.

案例 16
别拿首席信息官不当"干部"

案例正文

【摘要】自 20 世纪 80 年代提出首席信息官(Chief Information Officer，CIO)职位以来，CIO 制度率先在现代企业落地。伴随着全球化和信息化的发展，CIO 逐步成为互联网时代企业核心竞争力的灵魂人物。在政府部门，CIO 制度尚处于探索建立阶段。虽然在建立 CIO 制度的必要性和重要性方面达成了越来越大范围内的共识，但是如何设计 CIO 制度，如何规划、选拔、培训、激励并考核 CIO 等一系列问题迫切需要实践探索和理论建构。

【关键词】政府 CIO；制度困境；胜任力特征

引言

伴随着信息通信技术的迅速发展和广泛普及，首席数据官、首席人工智能官等新岗位纷纷涌现。其中，首席信息官是最早出现的岗位。美国《1980 文书削减法》(Paperwork Reduction Act of 1980)要求每一个政府部门或机构任命"高级文书削减和信息管理官员"，即政府 CIO 的前身。1984 年，美国格雷斯委员会(Grace Commission)在调查的基础上建议在不同级别的政府部门包括总统办公室设立 CIO 职位。1995 年，美国国会通过了《1995 信息技术管理改革法》(The Information Technology Management Reform Act of 1995)，该法案后被并入《1996 克林格-科恩法等》(Clinger-Cohen Act of 1996)，明确授权在政府部门设立 CIO 职位，并详细规定了 CIO 应当具备的一些核心能力，如卓越的领导能力、人际交往和沟通能力，在复杂的协作环境中游刃有余发挥作用的能力，敏感、诚实、聪明、判断力强、战略思维能力强等品格。

在我国，关于在市场部门设立 CIO 职位的探索和在政府部门设立 CIO 职位的呼声由来已久。2009 年 6 月，国务院国有资产监督管理委员会公布《关于进一步推进中央企业信息化工作的意见》(国资发〔2009〕102 号)，明确提出"建立首席信息官(CIO)制度，设立信息化专职管理部门"。2014 年 11 月，工业和信息化部组织编制了《企业首席信息官制度建设指南》(工信厅信函〔2014〕743 号)。在大数据、云计算等新技术逐步应用于电子政务建设，以及全面推进"放管服"的背景下，各地方、各部门逐步探索如何在公共部门设立 CIO 职位及其配套制度建设。

1. 上海市浦东新区首席信息官制度的试点①

上海市浦东新区自开展自由贸易试验区建设以来，一方面深入推进"减少审批、加强事中事后监管"的制度创新，提出了"谁审批谁监管、谁主管谁监管"的要求，另一方面全面部署"政务云"工程建设。在深化行政改革和推动新技术应用的背景下，首席信息官制度的建立被提上政府的议事日程。

2016 年 4 月 28 日，上海市浦东新区区长主持召开区政府常务会议。会议听取了关于《浦东新区建立政府首席信息官制度的方案》的情况汇报，原则同意了该方案。会议强调，要按照自由贸易试验区改革要求，结合浦东实际，做好顶层设计，明确部门职责，分步推进实施，采用灵活机动的人才选用机制，建立政府首席信息官制度，推动政府信息资源共享与开放，提升政府治理现代化水平。

《浦东新区建立首席信息官制度的方案》对政府 CIO 制度的组织架构作出了明确规定，这一组织架构包含 4 个层级，即战略决策层、管理执行层、议事咨询层和各职能部门支撑层(见图 16-1)。战略决策层即区政府层面 CIO，由区领导担任；管理执行层即区 CIO 办公室，是协助区 CIO 开展日常工作的执行机构，设在区经济和信息化委员会；议事咨询层包括联席议事协调机构(CIO 委员会)及决策咨询机构(专家咨询委员会)；职能部门支撑层在区各委、办、局设立部门 CIO，由分管信息化的领导兼任，并指定专人(团队)负责本部门支撑 CIO 制度的相关工作。

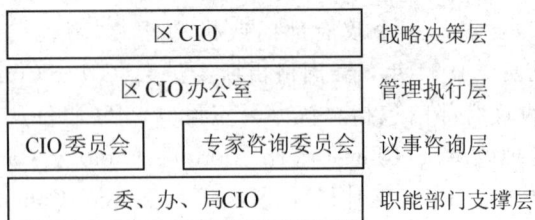

图 16-1 浦东新区 CIO 制度组织架构

---

① 《瞭望东方：政府首席信息官是个什么"官"》，http://politics.rmlt.com.cn/2016/1209/451164.shtml，2020-07-18。

2016 年 5 月 16 日，浦东新区区委组织部正式召开了首批政府首席信息官试点单位集体谈话会，标志着浦东新区正式启动政府 CIO 试点工作。浦东新区科技和经济委员会①党组副书记、副主任担任浦东新区首席信息官办公室主任、科技和经济委员会首席信息官，浦东新区副区长担任区级 CIO，在浦东新区区府办、市场监督管理局、建设和交通委员会、文化和广播电视管理局、规划和土地管理局等 9 家单位设立部门 CIO。选择这些部门是因其较多涉及事中事后监管以及跨部门应用。对于部门 CIO 的选任，浦东新区明确提出了三方面要求：一是要有全局性的战略思维能力，二是要有较强的公共管理创新能力，三是要有信息化和业务工作的融合协同能力。浦东新区 9 个部门的 CIO 均从现有部门的副职中选出，他们或是分管该部门的信息化工作，或是对信息化较为敏感。

2. 北京市税务系统选拔首席信息官②

金税工程始终是国家信息化重点工程之一。为探索选拔信息化人才新机制，北京市原国税局党组决定打破固有的干部选任模式。2015 年 10 月，北京市原国税局启动副处级干部选拔工作。此次选拔明确要求报名者需具备信息化专业教育背景，在相关岗位上具有 3 年以上工作经验且年龄在 45 岁以下。历时 4 个月的报名、推荐、笔试和面试等程序，8 名"首席信息官"从近百名报名者中脱颖而出，走上北京市部分区县原国税局领导岗位，主导信息化相关工作。

东城区原国税局总会计师是 8 人中最年轻的入围者，有 4 年多的信息化管理工作经验，入选前的岗位是北京市原国税局第四直属分局投诉管理科科长。一上任首席信息官，她就挑起组建业务和技术运行维护团队的重任，保障"金三"小双轨③顺利运行。

西城区原国税局总经济师专业十分对口，不仅学的是计算机专业，而且在原市国税局信息中心从事了 16 年的"后台"工作。在"营改增"④全面推开的工作中，他跑遍了辖区内的每一个税务所，运用信息化手段分析办税大厅的难点和痛点，有针对性地采取调整窗口设置、增加硬件配置等多项措施。仅增设金税盘 USB 接口这一项创新举措，就将相关窗口的业务办理时间缩短了一半。

从职位性质来看，首席信息官乃至更宽泛的信息通信技术行业对女性很不友善。业

---

① 浦东新区科技和经济委员会由原科学技术委员会、经济和信息化委员会两大部门合并而成。

② 《八名"首席信息官"脱颖而出》，http://m.sohu.com/a/107808231_268785，2020-07-18。

③ "金三"小双轨是指金税三期上线的提前演练。双轨指前台现行征管软件及系统受理办税业务的同时，后台金税三期系统全部再录入运行一遍。新旧并行，测试验证数据，解决处理系统漏洞，确保金税三期上线后，纳税人办税更加平稳准确。

④ 营业税改增值税简称营改增，是指以前缴纳营业税的应税项目改成缴纳增值税。

界有一句俗语："技术让女人走开。"在这个领域，人们对女性的固有成见很深。除了在入行时遭遇高门槛之外，女性就职于 CIO 职位也容易遇到"天花板"。在 8 名首席信息官中，张某不仅是女性，也没有在信息化岗位的工作经历。但是，她曾在基层办税服务大厅工作了 14 年。这些直接面对纳税人提供服务的工作经历，使她谙熟金税工程各业务系统在一线办税的"堵点"，为其担任首席信息官积累了充足的经验和实力。

3. 首席信息官联盟在各地蓬勃发展

首席信息官的岗位特点要求 CIO 终身学习，只有不断提高信息素养，保持与业务、技术同步发展，才能适应岗位要求，完成规定的岗位职责。美国根据《信息技术管理改革法》设立的 CIO 委员会(CIO Council)组建了 CIO 大学，是由几个大学联合举办的虚拟联盟。该联盟包括卡内基梅隆大学（Carnegie Mellon University)、乔治华盛顿大学(George Washington University)、乔治梅森大学(George Mason University)、马里兰大学(University of Maryland)等，各大学的 CIO 项目往往由多个相关学院共同授课或设计实践项目。比如，卡内基梅隆大学的 CIO 研究项目由软件工程学院、计算机科学技术学院、国家政策和管理学院、信息系统工程中心、社会和组织系统的计算分析中心和电子商务学院等机构共同完成。

2003 年 3 月，由原北大论坛骨干创办的 CIO 论坛网站(后更名为 CIO 时代网)开始实体运营。这是北京大学科技园创业中心从北京大学校内征集的第一批孵化项目，由其信息管理系提出。同年 10 月，"北大 CIO 论坛开坛第一讲"举办。2004 年 7 月，经过北京大学信息管理系批准、北京大学科技园审核，CIO 时代正式进入科技园创业中心孵化。2005 年 9 月，北京大学 CIO 班开办。目前，CIO 时代主办的首席信息官培训实现了常态化，涉及医疗卫生、政府、金融、互联网等多个领域。

2013 年 12 月 15 日，在工业和信息化部的支持下，中国电子学会、电子工业出版社、中国人民大学共同发起成立中国首席信息官联盟，旨在贯彻落实《信息化和工业化深度融合专项行动计划(2013—2018 年)》(工信部信〔2013〕317 号)提出的在大中型企业全面普及首席信息官制度的精神。联盟作为行业协调促进组织，由相关单位和个人作为联盟会员自愿参与活动，是一个依照联盟章程和会员愿望，针对行业热点问题定期进行交流研讨的开放式、非营利的全国组织。①

2015 年 5 月 9 日，上海首席信息官联盟成立。联盟在有关政府部门的指导下，搭建各种形式的交流合作平台，加强与政府部门、行业间的沟通互动，多层次开展培训，推

---

① 《中国首席信息官联盟成立大会在北京召开》，http://www.gov.cn/gzdt/2013-12/17/content_2549505.htm，2020-07-18。

动首席信息官制度建设。① 在 2018 上海首席信息官联盟会员大会上,浙江省企业信息化促进会、江苏省企业信息化协会、安徽省首席信息官协会、上海首席信息官联盟等机构负责人共同签署了《长三角 CIO 一体化发展战略合作协议》,建立长三角首席信息官一体化发展机制。《协议》提出要整合三省一市相关政府、企业、高校、专家资源,搭建长三角联盟联动平台,通过开展先进人物评选、长三角百人会、行业活动举办、专业技能培训等工作,促进长三角地区两化融合及 CIO 等信息技术人才之间的合作交流,构建良好的 CIO 发展生态圈,为长三角信息化树立标杆,更好地推动长三角一体化发展。②

结束语

显然,CIO 制度并不是一个孤立的职位和个人行为,围绕 CIO 有一套完备的组织架构和管理体系。互联网时代,越来越多的国家和地区在推进信息化建设过程中形成了CIO 制度,作为实现信息化建设目标的组织保障。如何结合电子政务实践建构符合我国政体特色的 CIO 制度,是一个尚需理论建构和实践探索的命题。

思考题

1. 政府 CIO 岗位的责、权、利体系应该如何设计?
2. 政府 CIO 需要具备何种岗位胜任力?
3. 政府部门的首席信息官制度包括哪些基本要素?

案例教学使用说明书

课前准备

1. 检索并阅读美国《1980 文书削减法》(Paperwork Reduction Act of 1980)、《1995信息技术管理改革法》(The Information Technology Management Reform Act of 1995)、《1996 克林格-科恩法案》(Clinger-Cohen Act of 1996)、《2002 电子政务法》(E-government Act of 2002)等法案对政府 CIO 制度建设的表述。

---

① 《上海成立首席信息官联盟》,http://district.ce.cn/zg/201505/11/t20150511_5335518.shtml,2020-12-10。

② 《2018 上海首席信息官联盟会员大会在沪举行》,http://sh.sina.com.cn/news/k/2018-06-30/detail-ihespqrx6298436.shtml,2020-12-10。

2. 检索并体验 CIO 委员会(https://www.cio.gov)等 CIO 组织的网站。

3. 检索并阅读《工业和信息化部办公厅关于印发〈企业首席信息官制度建设指南〉的通知》(工信厅信函〔2014〕743 号)等我国中央和地方政府关于企业 CIO 制度建设的相关政策文件。

教学目标

1. 理解：政府 CIO 制度建设的必要性、重要性和紧迫性。

2. 掌握：CIO 制度的基本要素。

3. 反思：如何养成胜任政府 CIO 岗位的核心能力？

要点分析

1. 建立政府 CIO 制度是推动电子政务可持续发展的必然选择

电子政务建设是一个长期而又复杂的过程，过程中会受到来自领导力等政府内在因素的影响。因为电子政务建设不仅要处理如何将信息通信技术应用于政府和公共事务的问题，更重要的是要解决政府如何建立适应互联网时代的政府治理体系、如何提升信息社会环境下的治理能力问题。最高管理层的洞察力、领导能力、政治意愿、资源调配和协调能力等因素对电子政务建设和发展有重大影响。虽然各国在电子政务领导体制及组织机构的设置上有所区别，但国内外实践证明，政府 CIO 制度是有效的保障。

政府 CIO 制度是围绕 CIO 建立的一套完备的组织架构和管理体系，需要统筹规划各方面、各层次、各要素，涉及责、权、利关系的设计，包括 CIO 录用、考核、培训、薪酬、退出等方面的规定。建设政府 CIO 制度意味着推进电子政务建设组织和管理的理念创新、体制机制创新，追求有利于促进电子政务可持续发展的组织架构以及运行机制。

之所以需要建立政府 CIO 制度，从理论上分析，是因为电子政务是技术变革和行政改革相互作用的产物，推动改革必须要有组织领导制度的保障。从实践中总结，是因为电子政务建设需要顶层设计、统一标准、整合资源，需要避免电子政务建设陷入 IT 黑洞，需要加强政府数据资产管理，相应地也必须要有组织领导制度的保障。通常来说，原有组织建制中均设有信息中心(网络中心)，但其职能定位显然无法满足上述新要求。

建立政府 CIO 制度是电子政务顶层设计、统一标准、整合资源的必然要求。在经历办公自动化、政府上网、业务系统建设之后，电子政务进入"互联网＋"的全新发展阶段。这个阶段的建设能否取得实效，关键在于"放管服"改革能否真正落地，在于信息共享和业务协同的水平。先行国家的实践表明，政府 CIO 制度对于解决电子政务在这个发展阶段所面临的问题具有重要的保障作用。

电子政务建设的 IT 黑洞现象比较严重，很多需要持续投资的项目并未获得显著绩效。虽然开通了网站，上线了 App 或各类小程序，但在用户量、访问量等绩效指标方面均表现平平。之所以出现这种现象，一是因为跨部门协调难，资源整合难，二是因为信息中心（网络中心）可以发挥的作用不足。由于信息中心在机关中的地位相对低于业务部门，因此要求信息中心主任协调各业务部门面临重重困难。伴随着电子政务建设投资规模的逐步增大，迫切需要建立政府CIO制度，以避免电子政务建设陷入IT黑洞。

建立政府CIO制度是加强政府数据资产管理的必然趋势。政府数据资产管理是一项复杂的系统工程，如能达到较高的管理水平，有利于政务信息共享和数据开放，有利于政府数据资产的保值增值，有利于公共服务的改善和治理能力的提高。但从目前情况看，我国政府信息资产管理还处于初级阶段，在数据采集、处理、利用、交换等环节都存在不同程度的问题，特别是数据开放和利用很不充分。解决这些问题的一个有效途径就是建立政府CIO制度，这也是美国实施政府CIO制度的原因。

只有在建立政府CIO制度的必要性、重要性和紧迫性方面统一认识、达成共识，才能推动建设工作取得实质性进展，突破目前基层局部尝试的局面，将政府CIO制度的建设全面纳入法治轨道。

2. 作为政府CIO制度的核心，CIO并不是单纯的技术官

作为组织中配置数据资产的最高管理者，CIO承担的是领导工作，至少扮演业务战略家、技术战略家、变革推动者、技术倡导者和ICT（信息与通信技术，Information and Communications Technology）部门主管5种角色。业务战略家是指CIO要致力于业务流程整合优化，而不是简单地将现有流程自动化。技术战略家是指CIO要致力于解决重要的ICT战略问题，包括应该使用哪种标准、是否使用开源软件、是自己开发还是采用外包，等等。变革推动者是指CIO要扮演影响组织改变的角色，因为任何技术应用都伴随着组织变革。技术倡导者是指CIO要帮助组织布局技术应用，包括推广新平台、新流程或者新标准等，要帮助组织提升信息能力。ICT部门主管是指CIO要负责管理技术部门，也要管理团队成员、项目和数据资产。如今，组织拥有了更多数据、设备和应用，CIO的工作范围也远远超出了组织的"围墙"。从职能角度分析，CIO显然不是单纯的技术官，而是高级行政管理人员，需要管理好信息这一决策和行政的基本要素，需要扮演技术和管理沟通的桥梁，既要深谙业务，又能与技术对话。

显然，CIO是一个复合型角色。从先行国家的经验看，政府CIO最应具备3种核心能力：战略思维和管理能力、协调能力、对业务流程的管理能力。信息技术能力并不是政府CIO应具备的核心能力，只是一项基本的能力和素质要求。并且，不同层级的政府部门对CIO的素质和能力要求也不同。通常，越是高层，对战略思维和协调统筹的能力要求就越高，基层则对项目管理的能力要求较高。① 随着新一代信息通信技术的应用普

---

① 吴明华：《"i政务"时代政府CIO》，载《决策》，2017(Z1)：34-37。

及，政府被推向智能化转型之路，CIO 的地位将越来越重要，CIO 有责任保证组织在 ICT 方面的投资能真正创造价值，服务于组织绩效。

CIO 制度并不仅限于 CIO 这个孤立的职位和个人行为，而是围绕 CIO 有一套完备的组织架构和管理体系。政府 CIO 制度至少在 3 个方面为我们带来了启示。一是如何看待技术与行政的关系。政府 CIO 的特殊身份使其成为技术和行政两个领域的桥梁，政府 CIO 制度的建立将从根本上解决技术人员和行政人员分割、电子和政务"两张皮"的问题，为手段和目标的有机结合提供组织制度保障。二是如何看待组织制度对电子政务的影响。CIO 制度的建设探索证明，没有良好的组织制度，电子政务规划无法实施、电子政务绩效无法实现。政府对信息通信技术投资的增加以及对投资回报的期待是 CIO 制度产生的直接原因。三是如何看待管理者数据能力和信息素养的问题。CIO 制度实践表明，提高政府各级领导和工作人员的数据能力和信息素养是非常重要的。电子政务绝不只是技术专业人员的事情，涉及每个公务员。改善数据能力和信息素养的重要性和迫切性是 CIO 制度产生的内在动力。在互联网时代，数据成为最主要的战略资源，数据能力和信息素养正在成为政府的核心能力，CIO 制度是决定一个组织兴衰成败的重要因素之一。

3. CIO 的责、权、利相统一是 CIO 制度高效运行的前提和基础

随着电子政务建设的不断深入，对建立政府 CIO 制度的必要性、重要性和紧迫性的认识正在逐步深化。但是，建立政府 CIO 制度必须符合现行组织人事、人才管理制度的一般精神和原则；需要我们充分研究先行国家的运行实践，借鉴经验，吸取教训；还需要充分研究我国企业 CIO 制度的运行实践，分析好做法，了解尚存在的不足及困境。因此，CIO 制度的建立不可能一蹴而就，尤其是在这一制度发展的初期，需要予以更多的包容。

CIO 的责、权、利相统一是保证政府 CIO 制度高效运行的前提和基础。责的方面，CIO 肩负电子政务战略的决策、规划与实施，肩负政府数据资产的保值增值，肩负政府数据能力和信息素养的改善。权的方面，要求对本级的信息化工作有决策、管理、协调、执行、监督的权力。利的方面，按照公务员的薪酬系列，政府 CIO 薪酬水平会远远低于 ICT 领域市场部门的 CIO。在现有制度的约束下，统一、层级分明的政府 CIO 组织架构以及清晰的职业生涯发展阶梯是重要的，确立 CIO 领导地位、树立 CIO 领导权威也不可或缺。

确保 CIO 的责、权、利相统一，有 3 个需要特别关注的问题。

首先是政府 CIO 的选拔和退出问题。既懂技术又懂政务的人才"一将难求"，因此应面向社会公开选拔，不拘一格选任政府 CIO。同时将选聘工作规范化，以制度的方式固定下来，这有利于政府 CIO 的选拔任用。建立健全有效、顺畅的退出机制，避免《中华

人民共和国公务员法》旋转门条款的负效应，深化公务员管理改革。

其次是政府CIO的培训和激励问题。信息通信技术的迅速发展对CIO提出终身学习的要求，只有不断提升自身的胜任力，才能肩负岗位责任。CIO是一个实践性较强的岗位，这对培训内容、培训方式提出创新要求，需要为CIO量身定制培训计划和方案。简单套用德、能、勤、绩、廉的现有考核制度明显缺乏针对性，设计一套科学的绩效管理制度激励CIO出色履职重要且迫切。

最后是CIO的生态圈问题。良性、开放的CIO生态圈不仅有利于政府CIO的选拔和退出，而且有利于其培训和激励。如果能够通过政府、市场和社会的合作，营造一个CIO跨界交流、碰撞创新、合作共赢的良性生态圈，无论是政府、企业，还是非营利组织CIO都能在这个生态圈里互学互鉴、共享发展，这样就营造了一个有利于政府CIO成长发展的社会氛围。

扩展阅读文献

[1]吴江，李志更，乔立娜. 我国政府首席信息官制度的建设需求与构想[J]. 中国行政管理，2007(11)：58-62.

[2]宋琳，徐拥军. 政府CIO制度：内涵、起源与意义[J]. 东北农业大学学报(社会科学版)，2010，8(2)：63-65.

[3]白海青，成瑾，毛基业. CEO如何支持CIO？——基于结构性权力视角的多案例研究[J]. 管理世界，2014(7)：107-118.

案例 17
《塔林手册》引发的思考

案例正文

【摘要】网络空间是继陆、海、空、天后的第五大战略空间。网络战的威胁将直接影响国家的军事设施、军事信息、军事情报与军事战略，制网权对国家利益和国家安全具有重要意义。尽管各国在网络空间的利益诉求不同，但面对网络恐怖主义、网络犯罪等安全威胁，各国只有增进互信、深化合作，才能维护自身的国家利益。网络空间是人类共同的活动空间，只有谋和平才能促发展。围绕网络空间的竞争和博弈，究竟要建立什么样的国际行为准则，从而维护网络空间的国际秩序，有待各方达成共识。

【关键词】网络战；网络空间主权；秩序；行为准则

引言

自 20 世纪 60 年代互联网的前身——阿帕网诞生以来，技术的创新发展与应用普及使网络空间成为继陆、海、空、天之外的第五维空间，成为各国国家利益拓展的新边疆、国家战略博弈和军事竞争的新领域。① 各国围绕互联网关键资源和网络空间国际规则展开博弈，争夺话语权。2011 年，中国、俄罗斯、塔吉克斯坦和乌兹别克斯坦四国向联合国大会第六十六届会议联合提交了"信息安全国际行为准则"，并作为大会文件（A/66/359）分发。之后，吉尔吉斯斯坦和哈萨克斯坦加入，成为共同提案国。2013 年，位于爱沙尼亚塔林的北约（North Atlantic Treaty Organization，NATO）网络防御合作卓越

---

① 《朱启超：各国网军争雄第五维空间》，http://www.xinhuanet.com/mil/2015-11/30/c_128483743.htm，2020-07-18。

中心（Cooperative Cyber Defence Centre of Excellence，CCDCOE）①推出《塔林手册：网络战国际法手册》（Tallinn Manual on the International Law Applicable to Cyber Warfare），主要对武装冲突法适用于网络空间进行了具体解释和讨论。2015年1月，中国等六国向联合国大会共同提交了新版"信息安全国际行为准则"。2017年2月，《塔林手册2.0：网络战国际法手册》（Tallinn Manual 2.0 on the International Law Applicable to Cyber Warfare）正式出版。从国际社会围绕网络空间的竞争和博弈中，我们可以发现一个越来越明显的趋势，即更多地从"讲理"到"讲法"。但是，网络空间是一个未知大于已知的领域，大家虽已认识到这一问题的重要性，但对于究竟要建立什么样的国际规则仍旧没有达成共识。

1.《塔林手册：网络战国际法手册》②

如果你身边有人在网络上散布暴恐信息，这是否属于国际人权法保障的言论自由？国家能不能采取技术手段对这类信息进行过滤，对发布者进行惩处？假设美国大选期间民主党总部遭受的网络攻击系俄罗斯"爱国黑客"所为，那么俄罗斯政府要不要对此负责？对于类似问题，国际上目前唯一可参照的相关规则就是《塔林手册：网络战国际法手册》（下文简称《塔林手册》）。③

2007年，爱沙尼亚指责俄罗斯发动网络攻击，使爱沙尼亚的政府、议会、军队、银行业和媒体业的信息基础设施及相关数据网络陷入瘫痪。爱沙尼亚遭受大规模网络攻击后面临一个棘手的问题，即这种新型攻击在法律上如何定性，是否能被定义为战争或武力攻击，这在当时的国际法中找不到答案。这一事件促使北约更加关注网络空间的安全问题，将加快完善网络防御体系纳入议事日程。2008年，北约和爱沙尼亚国防部联合在塔林成立了北约网络防御合作卓越中心，专门从事网络安全方面的研究和培训工作。2009年，北约网络防御合作卓越中心邀请了20名法律专家，在国际红十字会和美国网络战司令部的协助下撰写《塔林手册》，并于2013年出版。该手册以"网络空间不需要新

---

① 该中心由其赞助国和参与者组成。目前，比利时、保加利亚、克罗地亚、捷克共和国、丹麦、爱沙尼亚、法国、德国、希腊、匈牙利、意大利、拉脱维亚、立陶宛、黑山、荷兰、挪威、波兰、葡萄牙、罗马尼亚、斯洛伐克、斯洛文尼亚、西班牙、土耳其、英国和美国均为北约CCDCOE赞助国，奥地利、芬兰、瑞典、瑞士已取得非北约国家的参与资格。https://ccdcoe.org/about-us/，2020-12-07。

② 张文文：《北约合作网络防御卓越中心——〈塔林手册〉诞生地》，http://www.81.cn/jfjbmap/content/2018-03/29/content_202693.htm，2020-07-18。

③ 刘璐：《塔林手册2.0第一次有了中国专家的声音，九个问题让你认识它｜专访黄志雄》，https://web.shobserver.com/news/detail? id＝45198，2020-07-18。

规则，现有国际法适用于网络空间"为原则，阐释了网络战适用国际法问题。①

《塔林手册》的正文分为国际网络安全法和网络空间武装冲突法两部分，包含 7 章 95 条规则，每一条规则后都附有大量而丰富的论证。第一部分的核心是诉诸战争的权利/开战正义（jus ad bellum）②，分为国家和网络空间、使用武力两章，共 17 条。第二部分的核心是战时法规/交战正义（jus in bello），即武装冲突法或国际人道法在网络战中的适用，共 5 章 78 条。专家们将关于网络战的正义性规则——诉诸战争的权利与那些关于战争中正义与公平行为的规则——战时法规区别开来，这两者是相对独立的，但共同提供了一组人们实施网络战争时既不是毫无约束又不是过分束缚手脚的指导性规则。

《塔林手册》的第一部分以国家主权为规范基础，通过确定国家主权和网络空间的联系，解决网络空间涉及的管辖和控制、国家责任问题；从禁止使用武力、自卫的条件和实施两个方面来探讨网络空间使用武力的合法性。第二部分的基本出发点是在武装冲突中实施网络行动应遵守武装冲突法，界定了网络战中许多至关重要的法律术语，如网络攻击、民用物体、军事目标、不分皂白的攻击、报复等，并对相关武装冲突法的规定作出了网络空间中的解读。

正如北约助理法律顾问艾博特上校在《塔林手册》发行仪式上所说，该手册的发行是"首次尝试打造一种适用于网络攻击的国际法典"，是目前"关于网络战的法律方面最重要的文献，将会发挥重大作用，手册并非北约官方文件或者政策，只是一个建议性指南。"美国及其北约盟国利用《塔林手册》抢占网络战规则制定权的意图明显。③

2.《塔林手册》升级版④

《塔林手册》出版发行后引起了很大反响，也带来了一些争议。有人认为，《塔林手册》片面渲染使用军事手段和自卫权来回应外部的网络威胁，这很难带来持久的网络空间安全。有人质疑，《塔林手册》虽然声称由一个国际专家组共同制定，但所有专家组成

---

① 朱莉欣：《聚焦〈塔林手册〉透视网络战规则》，http://theory.people.com.cn/n/2015/1130/c386965-27870836.html，2020-07-18。

② 西方正义战争理论旨在论证为什么发动战争以及战争是怎样发动的，包括诉诸战争的权利（jus ad bellum）和战争法规（jus in bello）两个相互联系又相互区别的方法。

③ 逯海军：《北约推"塔林手册"意图成为网络战国际法典》，http://www.chinanews.com/mil/2013/05-24/4852531.shtml，2020-07-18。

④ 《〈塔林手册 2.0〉的正式出版将如何影响网络空间国际法？》，http://www.wells.org.cn/Doc/vive? Id=542&Type=1，2020-07-18。

员都来自于西方国家，缺乏真正的国际代表性。①

面对这些质疑，北约网络防御合作卓越中心于 2014 年年初启动《塔林手册》修订工作，并于 2015 年 3 月正式组成国际专家组。自 2015 年 6 月起，先后召开 3 次国际专家组会议，并邀请了 50 多名国际法学者，从法律角度进行评审。2017 年 2 月 2 日，北约网络防御合作卓越中心在其官网发布消息，宣布《塔林手册 2.0：网络战国际法手册》正式出版。本文称其为《塔林手册》升级版。

《塔林手册》升级版分为 4 个部分。第一部分是一般国际法与网络空间，主要包括主权、尽职调查、管辖权、国际责任法与未受国际法规制的网络活动的一般性原则及特殊规则等条款。第二部分是国际法与网络空间专项制度，由国际人权法、外交与领事关系法、海洋法、航空法、空间法和国际通信法相关规定共同组成。第三部分是国际和平安全与网络活动，从在和平解决、敢于禁令、使用武力以及集体安全 4 种情况下如何采取措施以及相关规定入手制定规则。第四部分是网络武装冲突法，涵盖 5 种分类，分别是一般性武装冲突法的相关规则，敌对行动的情形与战争手段原则等，特定人员、目标与活动分类与对应原则，占领时的原则与行为规则，以及中立性相关义务及行为原则。

从国际法法理的视角看，《塔林手册》升级版始终坚持以主权概念作为阐述网络战国际法权利义务的基础。其中所引述的主权核心要素包括国际和国内两重意义。在国际层面来看，主权的核心思想是国家的独立、自主；在国内层面来看，主权代表了国家对内最高的管辖权，是国家权力合法有效的象征。《塔林手册》升级版始终坚持平时与战争两分法，分别规定平时法与战争法，致力于更全面地规范网络空间。

尽管《塔林手册》始终试图"打造一种适用于网络攻击的国际法典"，但需要明确的是，手册并非北约官方文件或者政策，只是一个建议性指南。2014 年 10 月 21 日，美军公开了其首部《网络空间作战》联合条令，填补了美国在网络空间作战没有顶层联合条令的空白，标志着美军基本完成了发动网络战争的所有准备。美国的改变与《塔林手册》开始修订正好处于同一年，让人不免感受到美国通过军事与法律规则的配合，意图发挥网络战的威慑作用。美军认为，为保障国家安全，网络武器开发能力必须成为核心竞争力，故提出了"网络军备竞赛"的概念。虽然《塔林手册》并没有法律地位，也不代表北约，但已成为处理国际网络问题和参考的重要准则。②

---

① 刘璐：《塔林手册 2.0 第一次有了中国专家的声音，九个问题让你认识它 | 专访黄志雄》，https://web.shobserver.com/news/detail? id=45198，2020-07-18。

② 《北约发布适用于网络活动的国际法〈塔林手册 2.0〉》，http://hackernews.cc/archives/6081，2020-07-18。

结束语

2016 年，北约网络防御合作卓越中心举行"利剑 2016"网络防御演习，参与者的任务是在解决大规模网络事件过程中，测试证据收集能力和信息分析能力，识别恶意行为的来源，阻止恶意行为并评估多种快速响应的有效性。2017—2018 年，挪威、日本先后宣布加入这一中心。

"谁掌握了信息，控制了网络，谁就将拥有整个世界。"① 习近平总书记指出："网络空间是人类共同的活动空间，网络空间前途命运应由世界各国共同掌握。各国应该加强沟通、扩大共识、深化合作，共同构建网络空间命运共同体。"这一重要论述为推动网络空间互联互通、共享共治注入了中国理念、中国智慧和中国贡献。共建网络空间命运共同体的根本目的在于推动互联网成为更为优质的公共产品，为人类社会的整体利益服务，为解决人类社会面临的共同难题提供帮助。从这个意义上讲，只有摒弃零和博弈、赢者通吃的旧思维，才能实现网络空间的合作共赢和有序发展。

思考题

1. 作为一份非北约官方文件或者政策，《塔林手册》这份建议性指南为什么会引起国际社会的广泛关注？

2.《塔林手册》升级版发生了哪些变化？

3. 怎样的国际行为准则有利于维护网络空间的国家主权，实现网络空间的合作共赢和有序发展？

案例教学使用说明书

课前准备

1. 检索并阅读《塔林手册：网络战国际法手册》《塔林手册 2.0：网络战国际法手册》原文。

2. 登录并关注北约网络防御合作卓越中心（https://ccdcoe.org）、联合国裁军研究

---

① 李浩燃：《"乌镇时间"，呼唤网络空间命运共同体》，http://xj.people.com.cn/n/2015/1216/c188514-27326014.html，2020-07-18。

所(https://www.unidir.org)、国际电信联盟(https://www.itu.int)、联合国反恐执行工作队(https://www.un.org/counterterrorism/ctitf/)网站的最新动态。

3. 检索并阅读《联合国宪章》《信息安全国际行为准则》(联合国大会文件 A/66/359)等联合国关于网络空间秩序的文件。

教学目标

1. 理解：制网权的绝对重要性。

2. 掌握：网络主权、网络空间中的武力使用及国家自卫权在国际法视角下的界定与争论。

3. 反思：如何促进网络空间国际秩序从冲突走向和平？

要点分析

1. 制网权是在制陆权、制海权、制空权、制天权之后，各国在互联网时代争夺的又一控制权

1998 年，"莫里斯蠕虫病毒"进入美国国防部战略系统的主控中心和各级指挥中心，向人们展示了一台计算机作为武器的巨大威力。美国特工在第一次海湾战争中如法炮制，在美军空袭伊拉克的"沙漠风暴"行动之后，使用无线遥控装置激活潜伏的病毒，致使伊拉克防空系统陷入瘫痪。"网络战"的概念第一次被提出是在 1993 年。[①] 2001 年，"网络中心战"成为美军作战的纲领性概念，并在 2003 年伊拉克战争中付诸实施。2003 年，美国在《保障网络空间安全国家战略》中将网络空间定义为"由信息技术基础设施组成的相互依存的网络"，并将网络空间比拟为国家关键信息基础设施的神经系统——它由成千上万彼此连接的计算机、服务器、路由器、交换机和光缆构成物理载体，通过对数据的存储、修改和交换，实现对物理系统的操控，使得国家关键信息基础设施得以正常运转。《塔林手册》对网络空间的定义是：由物理及非物理构件所形成的环境，其基本特征是通过计算机网络，利用计算机和电磁频谱对数据进行存储、修改和交互。2005 年，美国国防部公布《国防战略报告》，明确将网络空间定义为美国维持决定性优势的第五战略空间，与陆、海、空和太空同等重要。随后，美国组建了网络部队，争夺网络空间的控制权成为美国维持其军事霸权地位的重要组成部分。

目前，关于制网权的界定在学理上并没有达成共识。其中的一个视角是军事冲突，在这种语境下，制网权被认为是一个国家对本国的政治、经济、文化、军事等领域在技术上保证其信息网络系统的安全可靠和有效传输运转，使其免遭攻击和破坏，并同时拥

---

① Civil Justice，John Arquilla，David Ronfeldt，"Cyberwar is coming,"Comparative Strategy，1993，12(2)：141-165.

有战胜对方的综合能力。[①] 这里明显包含国家主权、网络战、攻防的意蕴。另一个视角是网络犯罪，在这一语境下，制网权被认为是预防、对抗和打击非法滥用信息技术（利用信息技术虐待、剥削儿童，利用信息技术推广和销售违禁品等）的综合能力，这明显包含司法管辖权、预防犯罪、刑事司法的意蕴。第三种视角是国家安全，在这种语境下，制网权是指主权国家对广义上的计算机互联网世界的控制权和主导权，包括国家对互联网域名的控制权、IP地址的分配权、互联网标准的制定权和网上舆论的话语权等。[②] 这里明显包含平战结合、权力配置等的意蕴。

当前，制网权的主体方面也存在争论，主流观点认为制网权是主权国家的权力。但在实践中，非国家行为体发挥着重要影响，无论是因其垄断了数据资源，还是占有活跃用户资源，或是具有超强的数据能力和信息素养，在越来越多的场景下，权力正在向非国家行为体转移，全球最大的政治性黑客组织"匿名者"（anonymous）就是非常典型的例证。2010年，在美国国务院的要求下，万事达、Visa、PayPal等几家公司停止了对维基解密的捐助。几天后，这几家公司的主页被"匿名者"攻陷，导致公司蒙受巨大损失。在向恐怖组织及其支持者宣战、攻击日本南极捕鲸活动、使美国中央情报局网站瘫痪等一系列事件中，都可以发现"匿名者"的身影。《塔林手册》中强调的事实是：虽然没有任何一个国家声明对网络空间本身的主权，但是国家可以对位于本国领土范围内的网络基础设施及其相关的网络活动行使主权管辖。在主权的基础上，国家行使管辖权的对象包括：在其领土上从事网络活动的个人、位于其领土上的网络基础设施。

制网权是国际政治领域的关键概念。在互联网时代，它可以用来在网络空间中以及在网络之外的空间中产生期望的结果。但是，对这一关键概念的研究尚处在较宏观的层面，关于制网权的研究前景广阔。

2. 网络空间的武力使用与国家自卫权

《塔林手册》主张，《联合国宪章》（以下简称《宪章》）适用于网络攻击，说明其基本思路是希望沿用传统国际法的规则来解决网络空间的问题。尽管《宪章》序言明确提出"非为公共利益，不得使用武装力量（armed force）"，但并未对"使用武力"作出定义。争论的焦点主要集中在是否将经济胁迫纳入其中。一种观点认为，《宪章》主文应以贯彻序言的宗旨为目的，不应在词义上做扩大阐释，而序言中明确的是"武装力量"，所以武力不包含"经济胁迫"。[③] 另一种观点认为，联合国后续通过的文件《关于各国依联合国宪章建

[①] 徐永富：《网络安全呼唤"制网权"》，载《光明日报》，2001-01-10。

[②] 余丽：《论制网权：互联网作用于国际政治的新型国家权力》，载《郑州大学学报（哲学社会科学版）》，2012，45（4）：5-8。

[③] 丁丽柏，朱静：《〈塔林手册〉对网络攻击中"武力"的界定及反思》，载《河北法学》，2018，36（12）：82-87。

立友好关系及合作之国际法原则之宣言》《各国经济权利和义务宪章》《威胁使用和使用核武器合法性》中均明确，各国不得以任何形式的胁迫侵害任何国家的政治独立或领土完整，禁止使用武力原则并不局限于特定武力。故此认为，只要某种手段的使用可以被理解为一种交战形式，并被用以破坏生命和财产，即可以被认定为"使用武力"。①

《塔林手册》从两个层面尝试界定网络空间的武力使用，一是区分国际法上的武力使用和干涉行为，二是从规模和效果两个要素认定构成网络攻击中的"武力使用"。《塔林手册》升级版提出了构成武力使用的 8 个特征，即严重性(severity)、即时性(immediacy)、直接性(directness)、入侵性(invasiveness)、影响可衡量(measurability of effects)、军事性(military character)、国家介入(state involvement)和推定合法性(presumptive legality)。但是，对网络行为的界定是存在争议的，在操作层面不仅因上述特征标准颇具弹性，而且采证异常困难。比如，一种观点认为，如果一个网络行动产生的物理效果达到了"使用武力"的标准，那么该网络行动构成"武力使用"。然而，在很多网络事件中，虽然其中的网络行动没有产生任何物理效果，但并不妨碍这些行动的确侵犯了国家主权。

《宪章》在不同条款中区分了"使用武力"和"武力攻击"(armed attack)。在"尼加拉瓜案"中，国际法院指出，那些"最严重的使用武力的形式"(the most grave forms of force)往往构成"武力攻击"。也就是说，"使用武力"不一定构成"武力攻击"，但是"武力攻击"一定"使用武力"。而自卫权是以"武力攻击"为前提的。换言之，"武力攻击"是判断一国是否可以对发动武力的对象进行自卫的标准。那么，什么样的网络行动构成武力攻击呢？《塔林手册》升级版认为，网络攻击是一种可合理预见的会导致人员伤亡或物体毁损的网络行动。但是，这个界定仍然难以操作，因为没有对"效果"的范围做出界定。根据《空战和导弹战国际法手册》，"计算机网络攻击"是指操纵、扰乱、剥夺、削弱或破坏驻留在计算机或网络的信息，或计算机和网络本身的行动，也指控制计算机或计算机网络的行动。显然，这个界定把"效果"的范围划定在狭义范畴里。究竟如何区分网络空间的"使用武力"和"武力攻击"，模糊地带非常大。网络行动的定性问题是一个亟待研究的命题。

在能够对国家、非国家行为体的网络行动定性的前提下，当行为体遭受武力攻击时，《塔林手册》升级版认为国家自卫权具有合法性。但是，自卫行动的行使限度需要符合必要性和相称性。必要性要求使用武力是成功击退即将发生的或正在进行的武力攻击所需的，武力是对武力攻击唯一可用的应对措施；相称性规定了自卫行动的规模、强度。当然这只能根据具体情况判断，没有原则上的量化标准。自卫行动的时间规则必须

---

① 王玫黎、陈雨：《论网络空间中的禁止使用武力原则》，载《国际法研究》，2019(4)：18-32。

要符合紧迫性和迅即性原则，这是允许"预先自卫"的。当然，"预先自卫"存在争议，其关键不在于哪一方率先行动，而在于能否合理预见，如果不在特定时间采取行动，一旦攻击开始将无法有效实施自卫。不过，这对于网络行动仍旧是一个亟待研究的命题。

3. 加强沟通、扩大共识、深化合作，共同构建网络空间人类命运共同体

全球化时代，网络空间所面临的挑战和威胁关乎整个人类的发展。网络空间的国际规则制定正在进行激烈博弈，但实质性进展不大。无论是《塔林手册》还是《信息安全国际行为准则》，从这两份目前最具影响力的跨国文件来看，国际社会在这一问题上能够形成一些基本共识，包括承认网络空间的国家主权，倡导以和平方式解决网络空间的国际争端，认可加强合作、联手打击网络犯罪和网络恐怖主义。但从总体上来看，分歧大于共识。

中国政府高度重视网络空间国际规则制定，习近平总书记多次强调"大国网络安全博弈，不单是技术博弈，还是理论博弈、话语权博弈"，要"加快提升我国对网络空间的国际话语权和规则制定权"。2015 年 12 月 16 日，习近平在第二届世界互联网大会开幕式主旨演讲中指出：世界各国应共同构建网络空间命运共同体，推动网络空间互联互通、共享共治，为开创人类发展更加美好的未来助力。这是"网络空间命运共同体"概念第一次被正式提出。2016 年 11 月 16 日，习近平在第三届世界互联网大会视频讲话中，呼吁世界各国要深化网络空间国际合作，携手构建网络空间命运共同体。2017 年 12 月 3 日，习近平在致信第四届世界互联网大会时强调，全球互联网治理体系变革进入关键时期，构建网络空间命运共同体日益成为国际社会的广泛共识。2018 年 11 月 17 日，习近平在致信第五届世界互联网大会时提出，第五届世界互联网大会以"创造互信共治的数字世界——携手共建网络空间命运共同体"为主题，就是希望大家集思广益、增进共识，共同推动全球数字化发展，构建可持续的数字世界，让互联网发展成果更好造福世界各国人民。2019 年 10 月 20 日，习近平在致信第六届世界互联网大会时再次提出要努力推动构建网络空间命运共同体。

当前，学界针对网络空间命运共同体的内涵、价值、原则，构建网络空间命运共同体的可行性、面临的挑战、路径等开展了大量研究，形成了一些学术成果。但是，我们必须清醒地认识到，鉴于网络空间对人类可持续发展的重要价值，要将"网络空间命运共同体"这一网络空间国际规则制定的中国方案付诸实践，尚需与各国政府、国际组织、国内外学界和实务界加强沟通和交流，在关键议题上扩大共识，在维护网络空间和平与稳定、构建以规则为基础的网络空间秩序、拓展网络空间伙伴关系、推进全球互联网治理体系改革、打击网络恐怖主义和网络犯罪、保护公民权益、推动数字经济发展、加强全球信息基础设施建设和保护、促进网络文化交流互鉴等领域深化合作，坚持在和平、主权、共治、普惠四项基本原则的基础上，共同维护网络空间安全与和平、稳定与繁荣。

扩展阅读文献

[1]朱莉欣，朱雁新，陈伟，等.《塔林网络战国际法手册》述评[J]. 中国信息安全，2013(11)：95-98.

[2]黄志雄. 网络空间国际规则制定的新趋向——基于《塔林手册2.0版》的考察[J]. 厦门大学学报(哲学社会科学版)，2018(1)：1-11.

[3]郎平. 网络空间国际秩序的形成机制[J]. 国际政治科学，2018，3(1)：25-54.

北京师范大学出版集团
BEIJING NORMAL UNIVERSITY PUBLISHING GROUP

北京师范大学出版社科技与经管分社

地址：北京市西城区新街口外大街 12-3 号通和大厦 406
电话：010-58801754　　　投稿：478017462@qq.com
网址：www.jswsbook.com　　邮箱：jswsbook@163.com

京师阅读　官方微博

教师样书申请表

尊敬的老师，您好！

　　请您在我社网站的最新教材目录中选择与您教学相关的样书（每位教师每学期限选 1-2 种），以清晰的字迹真实、完整填写下列栏目，并由所在院（系）的主要负责人签字或盖章。符合上述要求的表格将作为我社向您提供免费教材样书的依据。本表复制有效，可传真或函寄，亦可发 E-mail。

姓名：＿＿＿＿＿＿＿　性别：＿＿＿＿　年龄：＿＿＿＿＿　职务：＿＿＿＿＿＿　职称：＿＿＿＿＿

院校名称：＿＿＿＿＿＿＿＿＿＿大学（学院）＿＿＿＿＿学院（系）＿＿＿＿教研室

通信地址：＿＿＿＿＿＿＿＿＿＿＿＿＿＿＿＿＿＿＿＿＿＿＿＿＿＿＿＿＿＿＿＿＿

邮编：＿＿＿＿＿＿＿　座机：＿＿＿＿＿－＿＿＿＿＿　手机：＿＿＿＿＿＿＿＿＿

E-mail：＿＿＿＿＿＿＿＿＿＿＿　微信：＿＿＿＿＿＿＿＿＿　QQ：＿＿＿＿＿＿＿

教授课程	学生层次	学生人数/年	用书时间
＿＿＿＿＿＿＿＿＿＿	□研究生□本科□高职	＿＿＿＿＿	□春季　□秋季

现使用教材	版本	换教材意向
＿＿＿＿＿＿＿＿＿	＿＿＿＿＿＿＿＿出版社	□有　　□无

换教材原因

＿＿＿＿＿＿＿＿＿＿＿＿＿＿＿＿＿＿＿＿＿＿＿＿＿＿＿＿＿＿＿＿＿＿＿＿＿＿＿

曾编教材情况

书　　　名	出　版　社	主编/副主编/参编	出　版　时　间

您是否愿意参加我们的教材编写计划：　　□愿意　　　□目前无意向

希望编写教材名称：＿＿＿＿＿＿＿＿＿＿＿＿＿＿＿＿＿＿＿＿＿＿＿＿＿＿＿＿＿

所需样书

书　　　名	书号（ISBN）	作　　者	定　　价